AF413227

Todos los libros de Linkgua Ediciones cuentan con modelos de Inteligencia Artificial entrenados por hispanistas. Pregúntale al chat de tu libro lo que desees acerca de la obra o su autor/a.

Para ebooks: Accede a nuestro modelo de IA a través de este enlace.

Para libros impresos: Escanea el código QR de la portada con tu dispositivo móvil.

Obtén análisis detallados de nuestros libros, resúmenes, respuestas a tus preguntas y accede a nuestras ediciones críticas generativas para una experiencia de lectura más enriquecedora.
La transparencia y el respeto hacia la autoría de las fuentes utilizadas son distintivos básicos de nuestro proyecto. Por ello, las respuestas ofrecen, mediante un sistema de citas, las fuentes con las que han sido elaboradas.

Félix Lope de Vega y Carpio

Fuenteovejuna

Barcelona **2024**
Linkgua-ediciones.com

Créditos

Título original: Fuenteovejuna.

© 2024, Red ediciones S.L.

e-mail: info@red-ediciones.com

Diseño de cubierta: Michel Mallard.

ISBN tapa dura: 978-84-1126-164-7.
ISBN rústica: 978-84-96428-46-1.
ISBN ebook: 978-84-9897-714-1.

Sumario

Brevísima presentación

La vida

Félix Lope de Vega y Carpio (Madrid, 1562-Madrid, 1635). España.

Nació en una familia modesta, estudió con los jesuitas y no terminó la universidad en Alcalá de Henares, parece que por asuntos amorosos. Tras su ruptura con Elena Osorio (Filis en sus poemas), su gran amor de juventud, Lope escribió libelos contra la familia de ésta. Por ello fue procesado y desterrado en 1588, año en que se casó con Isabel de Urbina (Belisa).

Pasó los dos primeros años en Valencia, y luego en Alba de Tormes, al servicio del duque de Alba. En 1594, tras fallecer su esposa y su hija, fue perdonado y volvió a Madrid. Allí tuvo una relación amorosa con una actriz, Micaela Luján (Camila Lucinda) con la que tuvo mucha descendencia, hecho que no impidió su segundo matrimonio, con Juana Guardo, del que nacieron dos hijos.

Entonces era uno de los autores más populares y aclamados de la Corte. En 1605 entró al servicio del duque de Sessa como secretario, aunque también actuó como intermediario amoroso de éste. La desgracia marcó sus últimos años: Marta de Nevares una de sus últimas amantes quedó ciega en 1625, perdió la razón y murió en 1632. También murió su hijo Lope Félix. La soledad, el sufrimiento, la enfermedad, o los problemas económicos no le impidieron escribir.

De las mil ochocientas comedias que se atribuyen a Lope de Vega, *Fuenteovejuna* está entre las más célebres. A partir del siglo XX esta obra ha gozado de gran popularidad por su visión de las tensiones políticas y sociales de la España del Siglo de Oro, al mostrar la opresión y la violencia desatadas entre los habitantes de una villa que se sublevan contra un comendador déspota. Al final de la obra el pueblo triunfa sobre la tiranía.

Personajes

La reina Isabel de Castilla
El rey Fernando de Aragón
Rodrigo Téllez Girón, maestre de la Orden de Calatrava
Fernán Gómez de Guzmán
Comendador Mayor de la Orden de Calatrava
Don Gómez Manrique
Un juez
Dos regidores de Ciudad Real
Ortuño, criado del Comendador
Flores, criado del Comendador
Esteban, alcaide de Fuenteovejuna
Alonso, un regidor de Fuenteovejuna
Otro regidor de Fuenteovejuna
Laurencia, labradora de Fuenteovejuna, hija de Esteban
Jacinto, labradora de Fuenteovejuna
Pascuala, labradora de Fuenteovejuna
Juan Rojo, labrador
Frondoso, labrador
Mengo, labrador gracioso
Barrildo, labrador
Leonelo, licenciado en derecho
Cimbranos, soldado
Un muchacho
Labradores y labradoras
Músicos

Jornada primera

(Salen el comendador, Flores y Ortuño, criados.)

Comendador   ¿Sabe el maestre que estoy
en la villa?

Flores   Ya lo sabe.

Ortuño   Está, con la edad, más grave.

Comendador   Y ¿sabe también que soy
    Fernán Gómez de Guzmán?

Flores   Es muchacho, no te asombre.

Comendador   Cuando no sepa mi nombre,
¿no le sobra el que me dan
   de comendador mayor?

Ortuño   No falta quien le aconseje
que de ser cortés se aleje.

Comendador   Conquistará poco amor.
  Es llave la cortesía
para abrir la voluntad;
y para la enemistad
la necia descortesía.

Ortuño   Si supiese un descortés
cómo le aborrecen todos
—y querrían de mil modos
poner la boca a sus pies—,
  antes que serlo ninguno,

se dejaría morir.

Flores

¡Qué cansado es de sufrir!
¡Qué áspero y qué importuno!
  Llaman la descortesía
necedad en los iguales,
porque es entre desiguales
linaje de tiranía.
  Aquí no te toca nada;
que un muchacho aún no ha llegado
a saber qué es ser amado.

Comendador

La obligación de la espada
  que se ciñó, el mismo día
que la cruz de Calatrava
le cubrió el pecho, bastaba
para aprender cortesía.

Flores

  Si te han puesto mal con él,
presto lo conocerás.

Ortuño

Vuélvete, si en duda estás.

Comendador

Quiero ver lo que hay en él.

(Sale el maestre de Calatrava y acompañamiento.)

Maestre

Perdonad, por vida mía,
Fernán Gómez de Guzmán;
que agora nueva me dan
que en la villa estáis.

Comendador

Tenía
muy justa queja de vos;

que el amor y la crianza
me daban más confianza,
por ser, cual somos los dos,
    vos maestre en Calatrava,
yo vuestro comendador
y muy vuestro servidor.

Maestre   Seguro, Fernando, estaba
    de vuestra buena venida.
Quiero volveros a dar
los brazos.

Comendador   Debéisme honrar;
que he puesto por vos la vida
    entre diferencias tantas,
hasta suplir vuestra edad
el pontífice.

Maestre   Es verdad.
Y por las señales santas
    que a los dos cruzan el pecho,
que os lo pago en estimaros
y como a mi padre honraros.

Comendador   De vos estoy satisfecho.

Maestre   ¿Qué hay de guerra por allá?

Comendador   Estad atento, y sabréis
la obligación que tenéis.

Maestre   Decid que ya lo estoy, ya.

Comendador   Gran maestre, don Rodrigo

Téllez Girón, que a tan alto
lugar os trajo el valor
de aquel vuestro padre claro,
que, de ocho años, en vos
renunció su maestrazgo,
que después por más seguro
juraron y confirmaron
reyes y comendadores,
dando el pontífice santo
Pío segunda sus bulas
y después las suyas Paulo
para que don Juan Pacheco,
gran maestre de Santiago,
fuese vuestro coadjutor:
ya que es muerto, y que os han dado
el gobierno solo a vos,
aunque de tan pocos años,
advertid que es honra vuestra
seguir en aqueste caso
la parte de vuestros deudos;
porque, muerto Enrique cuarto,
quieren que al rey don Alonso
de Portugal, que ha heredado,
por su mujer, a Castilla,
obedezcan sus vasallos;
que aunque pretende lo mismo
por Isabel don Fernando,
gran príncipe de Aragón,
no con derecho tan claro
a vuestros deudos, que, en fin,
no presumen que hay engaño
en la sucesión de Juana,
a quien vuestro primo hermano
tiene agora en su poder.

Y así, vengo a aconsejaros
que juntéis los caballeros
de Calatrava en Almagro,
y a Ciudad Real toméis,
que divide como paso
a Andalucía y Castilla,
para mirarlos a entrambos.
Poca gente es menester,
porque tienen por soldados
solamente sus vecinos
y algunos pocos hidalgos,
que defienden a Isabel
y llaman rey a Fernando.
Será bien que deis asombro,
Rodrigo, aunque niño, a cuantos
dicen que es grande esa cruz
para vuestros hombros flacos.
Mirad los condes de Urueña,
de quien venís, que mostrando
os están desde la fama
los laureles que ganaros;
los marqueses de Villena,
y otros capitanes, tantos,
que las alas de la fama
apenas pueden llevarlos.
Sacad esa blanca espada;
que habéis de hacer, peleando,
tan roja como la cruz;
porque no podré llamaros
maestre de la cruz roja
que tenéis al pecho, en tanto
que tenéis la blanca espada;
que una al pecho y otra al lado,
entrambas han de ser rojas;

y vos, Girón soberano,
capa del templo inmortal
de vuestros claros pasados.

Maestre   Fernán Gómez, estad cierto,
que en esta parcialidad,
porque veo que es verdad,
con mis deudos me concierto.
   Y si importa, como paso
a Ciudad Real mi intento,
veréis que como violento
rayo sus muros abraso.
   No porque es muerto mi tío
piensen de mis pocos años
los propios y los extraños
que murió con él mi brío.
   Sacaré la blanca espada
para que quede su luz
de la color de la cruz,
de roja sangre bañada.
   Vos, ¿adónde residís
tenéis algunos soldados?

Comendador   Pocos, pero mis criados;
que si de ellos os servís,
   pelearán como leones.
Ya veis que en Fuenteovejuna
hay gente humilde, y alguna
no enseñada en escuadrones,
   sino en campos y labranzas.

Maestre   ¿Allí residís?

Comendador   Allí

de mi encomienda escogí
casa entre aquestas mudanzas.
     Vuestra gente se registre;
que no quedará vasallo.

Maestre   Hoy me veréis a caballo,
poner la lanza en el ristre.

(Vanse. Salen Pascuala y Laurencia.)

Laurencia   ¡Mas que nunca acá volviera!

Pascuala   Pues a la hé que pensé
que cuando te lo conté
más pesadumbre te diera.

Laurencia   ¡Plega al cielo que jamás
le vea en Fuenteovejuna!

Pascuala   Yo, Laurencia, he visto alguna
tan brava, y pienso que más;
     y tenía el corazón
brando como una manteca.

Laurencia   Pues ¿hay encina tan seca
como ésta mi condición?

Pascuala   Anda ya; que nadie diga:
«de esta agua no beberé».

Laurencia   ¡Voto al Sol que lo diré,
aunque el mundo me desdiga!
     ¿A qué efecto fuera bueno
querer a Fernando yo?

¿Casaráme con él?

Pascuala   No.

Laurencia   Luego la infamia condeno.
                  ¡Cuántas mozas en la villa,
                del comendador fiadas,
                andan ya descalabradas!

Pascuala   Tendré yo por maravilla
                  que te escapes de su mano.

Laurencia   Pues en vano es lo que ves,
                porque ha que me sigue un mes,
                y todo, Pascuala, en vano.
                  Aquel Flores, su alcahuete,
                y Ortuño, aquel socarrón,
                me mostraron un jubón,
                una sarta y un copete.
                  Dijéronme tantas cosas
                de Fernando, su señor,
                que me pusieron temor;
                mas no serán poderosas
                  para contrastar mi pecho.

Pascuala   ¿Dónde te hablaron?

Laurencia   Allá
                en el arroyo, y habrá
                seis días.

Pascuala   Y yo sospecho
                  que te han de engañar, Laurencia.

Laurencia   ¿A mí?

Pascuala   Que no, sino al cura.

Laurencia   Soy, aunque polla, muy dura
yo para su reverencia.
   Pardiez, más precio poner,
Pascuala, de madrugada,
un pedazo de lunada
al huego para comer,
   con tanto zalacotón
de una rosca que yo amaso,
y hurtar a mi madre un vaso
del pegado cangilón,
   y más precio al mediodía
ver la vaca entre las coles
haciendo mil caracoles
con espumosa armonía;
   y concertar, si el camino
me ha llegado a causar pena,
casar un berenjena
con otro tanto tocino;
   y después un pasatarde,
mientras la cena se aliña,
de una cuerda de mi viña,
que Dios de pedrisco guarde;
   y cenar un salpicón
con su aceite y su pimienta,
e irme a la cama contenta,
y al «inducas tentación»
   rezalle mis devociones,
que cuantas raposerías,
con su amor y sus porfías,
tienen estos bellacones;

porque todo su cuidado,
después de darnos disgusto,
es anochecer con gusto
y amanecer con enfado.

Pascuala   Tienes, Laurencia, razón;
que en dejando de querer,
más ingratos suelen ser
que al villano el gorrión.
   En el invierno, que el frío
tiene los campos helados,
descienden de los tejados,
diciéndole: «tío, tío»,
   hasta llegar a comer
las migajas de la mesa;
mas luego que el frío cesa,
y el campo ven florecer,
   no bajan diciendo «tío»,
del beneficio olvidados,
mas saltando en los tejados
dicen: «judío, judío».
   Pues tales los hombres son:
cuando nos han menester,
somos su vida, su ser,
su alma, su corazón;
   pero pasadas las ascuas,
las tías somos judías,
y en vez de llamarnos tías,
anda el nombre de las pascuas.

Laurencia   No fiarse de ninguno.

Pascuala   Lo mismo digo, Laurencia.

(Salen Mengo, Barrildo y Frondoso.)

Frondoso   En aquesta diferencia
                andas, Barrildo, importuno.

Barrildo   A lo menos aquí está
                quien nos dirá lo más cierto.

Mengo   Pues hagamos un concierto
                antes que lleguéis allá,
                  y es, que si juzgan por mí,
                me dé cada cual la prenda,
                precio de aquesta contienda.

Barrildo   Desde aquí digo que sí.
                  Mas si pierdes, ¿qué darás?

Mengo   Daré mi rabel de boj,
                que vale más que una troj,
                porque yo le estimo en más.

Barrildo   Soy contento.

Frondoso   Pues lleguemos.
                Dios os guarde, hermosas damas.

Laurencia   ¿Damas, Frondoso, nos llamas?

Frondoso   Andar al uso queremos:
                  al bachiller, licenciado;
                al ciego, tuerto; al bisojo,
                bizco; resentido, al cojo;
                y buen hombre, al descuidado.
                  Al ignorante, sesudo;

al mal galán, soldadesca;
a la boca grande, fresca;
y al ojo pequeño, agudo.
   Al pleitista, diligente;
gracioso al entremetido;
al hablador, entendido;
y al insufrible, valiente.
   Al cobarde, para poco;
al atrevido, bizarro;
compañero al que es un jarro;
y desenfadado, al loco.
   Gravedad, al descontento;
a la calva, autoridad;
donaire, a la necedad;
y al pie grande, buen cimiento.
   Al buboso, resfriado;
comedido al arrogante;
al ingenioso, constante;
al corcovado, cargado.
   Esto al llamaros imito,
damas, sin pasar de aquí;
porque fuera hablar así
proceder en infinito.

Laurencia   Allá en la ciudad, Frondoso,
llámase por cortesía
de esta suerte; y a fe mía,
que hay otro más riguroso
   y peor vocabulario
en las lenguas descorteses.

Frondoso   Querría que lo dijeses.

Laurencia   Es todo a esotro contrario:

al hombre grave, enfadoso;
venturoso al descompuesto;
melancólico al compuesto;
y al que reprehende, odioso.
    Importuno al que aconseja;
al liberal, moscatel;
al justiciero, cruel;
y al que es piadoso, madeja.
    Al que es constante, villano;
al que es cortés, lisonjero;
hipócrita al limosnero;
y pretendiente al cristiano.
    Al justo mérito, dicha;
a la verdad, imprudencia;
cobardía a la paciencia;
y culpa a lo que es desdicha.
    Necia a la mujer honesta;
mal hecha a la hermosa y casta;
y a la honrada... Pero basta;
que esto basta por respuesta.

Mengo   Digo que eres el dimuño.

Laurencia   ¡Soncas que lo dice mal!

Mengo   Apostaré que la sal
               la echó el cura con el puño.

Laurencia   ¿Qué contienda os ha traído,
               si no es que mal lo entendí?

Frondoso   Oye, por tu vida.

Laurencia   Di.

Frondoso   Préstame, Laurencia, oído.

Laurencia   Como prestado, y aun dado,
               desde agora os doy el mío.

Frondoso   En tu discreción confío.

Laurencia   ¿Qué es lo que habéis apostado?

Frondoso   Yo y Barrildo contra Mengo.

Laurencia   ¿Qué dice Mengo?

Barrildo   Una cosa
               que, siendo cierta y forzosa,
               la niega.

Mengo   A negarla vengo,
                 porque yo sé que es verdad.

Laurencia   ¿Qué dice?

Barrildo   Que no hay amor.

Laurencia   Generalmente, es rigor.

Barrildo   Es rigor y es necedad.
                 Sin amor, no se pudiera
               ni aun el mundo conservar.

Mengo   Yo no sé filosofar;
               leer, ¡ojalá supiera!
                 Pero si los elementos

en discordia eterna viven,
y de los mismos reciben
nuestros cuerpos alimentos,
   cólera y melancolía,
flema y sangre, claro está.

Barrildo   El mundo de acá y de allá,
                Mengo, todo es armonía.
                   Armonía es puro amor,
                porque el amor es concierto.

Mengo   Del natural os advierto
                que yo no niego el valor.
                   Amor hay, y el que entre sí
                gobierna todas las cosas,
                correspondencias forzosas
                de cuanto se mira aquí;
                   y yo jamás he negado
                que cada cual tiene amor,
                correspondiente a su humor,
                que le conserva en su estado.
                   Mi mano al golpe que viene
                mi cara defenderá;
                mi pie, huyendo, estorbará
                el daño que el cuerpo tiene.
                   Cerraránse mis pestañas
                si al ojo le viene mal,
                porque es amor natural.

Pascuala   Pues, ¿de qué nos desengañas?

Mengo   De que nadie tiene amor
                más que a su misma persona.

Pascuala   Tú mientes, Mengo, y perdona;
             porque, ¿es materia el rigor
               con que un hombre a una mujer
             o un animal quiere y ama
             su semejante?

Mengo   Eso llama
             amor propio, y no querer.
               ¿Qué es amor?

Laurencia   Es un deseo
             de hermosura.

Mengo   Esa hermosura,
             ¿por qué el amor la procura?

Laurencia   Para gozarla.

Mengo   Eso creo.
               Pues ese gusto que intenta,
             ¿no es para él mismo?

Laurencia   Es así.

Mengo   Luego ¿por quererse a sí
             busca el bien que le contenta?

Laurencia   Es verdad.

Mengo   Pues de ese modo
             no hay amor sino el que digo,
             que por mi gusto le sigo
             y quiero dármele en todo.

Barrildo   Dijo el cura del lugar
                cierto día en el sermón
                que había cierto Platón
                que nos enseñaba a amar;
                  que éste amaba el alma sola
                y la virtud de lo amado.

Pascuala   En materia habéis entrado
                que, por ventura, acrisola
                  los caletres de los sabios
                en sus cademias y escuelas.

Laurencia   Muy bien dice, y no te muelas
                en persuadir sus agravios.
                  Da gracias, Mengo, a los cielos,
                que te hicieron sin amor.

Mengo   ¿Amas tú?

Laurencia   Mi propio honor.

Frondoso   Dios te castigue con celos.

Barrildo   ¿Quién gana?

Pascuala   Con la qüistión
                podéis ir al sacristán,
                porque él o el cura os darán
                bastante satisfacción.
                  Laurencia no quiere bien,
                yo tengo poca experiencia.
                ¿Cómo daremos sentencia?

Frondoso   ¿Qué mayor que ese desdén?

(Sale Flores.)

Flores   Dios guarde a la buena gente.

Frondoso   Éste es del comendador
                criado.

Laurencia   ¡Gentil azor!
                ¿De adónde bueno, pariente?

Flores   ¿No me veis a lo soldado?

Laurencia   ¿Viene don Fernando acá?

Flores   La guerra se acaba ya,
                puesto que nos ha costado
                  alguna sangre y amigos.

Frondoso   Contadnos cómo pasó.

Flores   ¿Quién lo dirá como yo,
                siendo mis ojos testigos?
                  Para emprender la jornada
                de esta ciudad, que ya tiene
                nombre de Ciudad Real,
                juntó el gallardo maestre
                dos mil lucidos infantes
                de sus vasallos valientes,
                y trescientos de a caballo
                de seglares y de freiles;
                porque la cruz roja obliga
                cuantos al pecho la tienen,
                aunque sean de orden sacro;

mas contra moros, se entiende.
Salió el muchacho bizarro
con una casaca verde,
bordada de cifras de oro,
que solo los brazaletes
por las mangas descubrían,
que seis alamares prenden.
Un corpulento bridón,
Rucio rodado, que al Betis
bebió el agua, y en su orilla
despuntó la grama fértil;
el codón labrado en cintas
de ante, y el rizo copete
cogido en blancas lazadas,
que con las moscas de nieve
que bañan la blanca piel
iguales labores teje.
A su lado Fernán Gómez,
vuestro señor, en un fuerte
melado, de negros cabos,
puesto que con blanco bebe.
Sobre turca jacerina,
peto y espaldar luciente,
con naranjada orla saca,
que de oro y perlas guarnece.
El morrión, que coronado
con blancas plumas, parece
que del color naranjado
aquellos azahares vierte;
ceñida al brazo una liga
roja y blanca, con que mueve
un fresno entero por lanza
que hasta en Granada le temen.
La ciudad se puso en arma;

dicen que salir no quieren
de la corona real,
y el patrimonio defienden.
Entróla bien resistida,
y el maestre a los rebeldes
y a los que entonces trataron
su honor injuriosamente
mandó cortar las cabezas,
y a los de la baja plebe,
con mordazas en la boca,
azotar públicamente.
Queda en ella tan temido
y tan amado, que creen
que quien en tan pocos años
pelea, castiga y vence,
ha de ser en otra edad
rayo del África fértil,
que tantas lunas azules
a su roja cruz sujete.
Al comendador y a todos
ha hecho tantas mercedes,
que el saco de la ciudad
el de su hacienda parece.
Mas ya la música suena;
recibidle alegremente,
que al triunfo las voluntades
son los mejores laureles.

(Salen el comendador y Ortuño, músicos, Juan Rojo y Esteban, Alonso, alcaides. Cantan los músicos.)

Músicos   «Sea bien venido
el comendadore
de rendir las tierras

y matar los hombres.
¡Vivan los Guzmanes!
¡Vivan los Girones!
Si en las paces blando,
dulce en las razones.
Venciendo moriscos,
fuertes como un roble,
de Ciudad Reale
viene vencedore;
que a Fuenteovejuna
trae los pendones.
¡Viva muchos años,
viva Fernán Gómez!»

<table>
<tr><td>Comendador</td><td>Villa, yo os agradezco justamente
el amor que me habéis aquí mostrado.</td></tr>
<tr><td>Alonso</td><td>Aun no muestra una parte del que siente.
    Pero ¿qué mucho que seáis amado,
mereciéndolo vos?</td></tr>
<tr><td>Esteban</td><td>   Fuenteovejuna
y el regimiento que hoy habéis honrado,
    que recibáis os ruega e importuna
un pequeño presente, que esos carros
traen, señor, no sin vergüenza alguna,
    de voluntades y árboles bizarros,
más que de ricos dones. Lo primero
traen dos cestas de polidos barros;
    de gansos viene un ganadillo entero,
que sacan por las redes las cabezas,
para cantar vueso valor guerrero.
    Diez cebones en sal, valientes piezas,
sin otras menudencias y cecinas,</td></tr>
</table>

y más que guantes de ámbar, sus cortezas.
    Cien pares de capones y gallinas,
que han dejado viudos a sus gallos
en las aldeas que miráis vecinas.
    Acá no tienen armas ni caballos,
no jaeces bordados de oro puro,
si no es oro el amor de los vasallos.
    Y porque digo puro, os aseguro
que vienen doce cueros, que aun en cueros
por enero podéis guardar un muro,
    si de ellos aforráis vuestros guerreros,
mejor que de las armas aceradas;
que el vino suele dar lindos aceros.
    De quesos y otras cosas no excusadas
no quiero daros cuenta. Justo pecho
de voluntades que tenéis ganadas;
y a vos y a vuestra casa, buen provecho.

Comendador
    Estoy muy agradecido.
Id, regimiento, en buen hora.

Alonso
Descansad, señor, agora,
y seáis muy bien venido;
    que esta espadaña que veis
y juncia a vuestros umbrales
fueran perlas orientales,
y mucho más merecéis,
    a ser posible a la villa.

Comendador
Así lo creo, señores.
Id con Dios.

Esteban
Ea, cantores,
vaya otra vez la letrilla.

(Cantan.)

Músicos   «Sea bien venido
                el comendadore
                de rendir las tierras
                y matar los hombres.»

(Vanse los músicos y los alcaides.)

Comendador   Esperad vosotras dos.

Laurencia   ¿Qué manda su señoría?

Comendador   ¡Desdenes el otro día,
                pues, conmigo! ¡Bien, por Dios!

Laurencia   ¿Habla contigo, Pascuala?

Pascuala   Conmigo no, tirte ahuera.

Comendador   Con vos hablo, hermosa fiera,
                y con esotra zagala.
                    ¿Mías no sois?

Pascuala   Sí, señor;
                mas no para casos tales.

Comendador   Entrad, pasado los umbrales;
                hombres hay, no hayáis temor.

Laurencia   Si los alcaldes entraran,
                que de uno soy hija yo,
                bien huera entrar; mas si no...

Comendador   ¡Flores!

Flores   ¿Señor?

Comendador   ¡Que reparan
               en no hacer lo que les digo!

Flores   ¡Entrad, pues!

Laurencia   No nos agarre.

Flores   Entrad; que sois necias.

Pascuala   Arre;
               que echaréis luego el postigo.

Flores   Entrad; que os quiere enseñar
               lo que trae de la guerra.

Comendador   Si entraren, Ortuño, cierra.

(Éntrase.)

Laurencia   Flores, dejadnos pasar.

Ortuño   ¿También venís presentadas
               con lo demás?

Pascuala   ¡Bien a fe!
               Desvíese, no le dé...

Flores   Basta; que son extremadas.

Laurencia   ¿No basta a vuestro señor
             tanta carne presentada?

Ortuño   La vuestra es la que le agrada.

Laurencia   ¡Reviente de mal dolor!

(Vanse Laurencia y Pascuala.)

Flores   ¡Muy buen recado llevamos!
             No se ha de poder sufrir
             lo que nos ha de decir
             cuando sin ellas nos vamos.

Ortuño   Quien sirve se obliga a esto.
             Si en algo desea medrar,
             o con paciencia ha de estar,
             o ha de despedirse presto.

(Vanse los dos. Salgan el rey don Fernando, la reina doña Isabel, Manrique, y
acompañamiento.)

Isabel   Digo, señor, que conviene
             el no haber descuido en esto,
             por ver a Alfonso en tal puesto,
             y su ejército previene.
                Y es bien ganar por la mano
             antes que el daño veamos;
             que si no lo remediamos,
             el ser muy cierto está llano.

Rey   De Navarra y de Aragón
             está el socorro seguro,
             y de Castilla procuro

hacer la reformación
   de modo que el buen suceso
con la prevención se vea.

Isabel   Pues vuestra majestad crea
que el buen fin consiste en eso.

Manrique   Aguardando tu licencia
dos regidores están
de Ciudad Real. ¿Entrarán?

Rey   No les nieguen mi presencia.

(Salen dos regidores de Ciudad Real.)

Regidor 1   Católico rey Fernando,
a quien ha enviado el cielo
desde Aragón a Castilla
para bien y amparo nuestro:
en nombre de Ciudad Real,
a vuestro valor supremo
humildes nos presentamos,
el real amparo pidiendo.
A mucha dicha tuvimos
tener título de vuestros;
pero pudo derribarnos
de este honor el hado adverso.
El famoso don Rodrigo
Téllez Girón, cuyo esfuerzo
es en valor extremado,
aunque es en la edad tan tierno
maestre de Calatrava,
él, ensanchar pretendiendo
el honor de la encomienda,

nos puso apretado cerco.
Con valor nos prevenimos,
a su fuerza resistiendo,
tanto, que arroyos corrían
de la sangre de los muertos.
Tomó posesión, en fin;
pero no llegara a hacerlo,
a no le dar Fernán Gómez
orden, ayuda y consejo.
Él queda en la posesión,
y sus vasallos seremos,
suyos, a nuestro pesar,
a no remediarlo presto.

Rey   ¿Dónde queda Fernán Gómez?

Regidor 1   En Fuenteovejuna creo,
por ser su villa, y tener
en ella casa y asiento.
Allí, con más libertad
de la que decir podemos,
tiene a los súbditos suyos
de todo contento ajenos.

Rey   ¿Tenéis algún capitán?

Regidor 2   Señor, el no haberle es cierto,
pues no escapó ningún noble
de preso, herido o de muerto.

Isabel   Ese caso no requiere
ser de espacio remediado;
que es dar al contrario osado
el mismo valor que adquiere;

y puede el de Portugal,
hallando puerta segura,
entrar por Extremadura
y causarnos mucho mal

Rey   Don Manrique, partid luego,
llevando dos compañías;
remediad sus demasías
sin darles ningún sosiego.
    El conde de Cabra ir puede
con vos; que es Córdoba osado,
a quien nombre de soldado
todo el mundo le concede;
    que éste es el medio mejor
que la ocasión nos ofrece.

Manrique   El acuerdo me parece
como de tan gran valor.
    Pondré límite a su exceso,
si el vivir en mí no cesa.

Isabel   Partiendo vos a la empresa,
seguro está el buen suceso.

(Vanse todos. Salen Laurencia y Frondoso.)

Laurencia   A medio torcer los paños,
quise, atrevido Frondoso
para no dar qué decir,
desviarme del arroyo;
decir a tus demasías
que murmura el pueblo todo,
que me miras y te miro,
y todos nos traen sobre ojo.

Y como tú eres zagal
de los que huellan, brioso,
y excediendo a los demás
vistes bizarro y costoso,
en todo lugar no hay moza,
o mozo en el prado o soto,
que no se afirme diciendo
que ya para en uno somos;
y esperan todos el día
que el sacristán Juan Chamorro
nos eche de la tribuna
en dejando los piporros.
Y mejor sus trojes vean
de rubio trigo en agosto
atestadas y colmadas,
y sus tinajas de mosto,
que tal imaginación
me ha llegado a dar enojo:
ni me desvela ni aflige
ni en ella el cuidado pongo.

Frondoso   Tal me tienen tus desdenes,
                  bella Laurencia, que tomo,
                  en el peligro de verte,
                  la vida, cuando te oigo.
                  Si sabes que es mi intención
                  el desear ser tu esposo,
                  mal premio das a mi fe.

Laurencia   Es que yo no sé dar otro.

Frondoso   ¿Posible es que no te duelas
                  de verme tan cuidadoso
                  y que imaginando en ti

ni bebo, duermo ni como?
¿Posible es tanto rigor
en ese angélico rostro?
¡Viven los cielos, que rabio!

Laurencia   Pues salúdate, Frondoso.

Frondoso   Ya te pido yo salud,
y que ambos, como palomos,
estemos, juntos los picos,
con arrullos sonorosos,
después de darnos la iglesia...

Laurencia   Dilo a mi tío Juan Rojo;
que aunque no te quiero bien,
ya tengo algunos asomos.

Frondoso   ¡Ay de mí! El señor es éste.

Laurencia   Tirando viene a algún corzo.
Escóndete en esas ramas.

Frondoso   Y ¡con qué celos me escondo!

(Sale el comendador.)

Comendador   No es malo venir siguiendo
un corcillo temeroso,
y topar tan bella gama.

Laurencia   Aquí descansaba un poco
de haber lavado unos paños;
y así, al arroyo me torno,
si manda su señoría.

Comendador   Aquesos desdenes toscos
        afrentan, bella Laurencia,
        las gracias que el poderoso
        cielo te dio, de tal suerte,
        que vienes a ser un monstruo.
        Mas si otras veces pudiste
        hüír mi ruego amoroso,
        agora no quiere el campo,
        amigo secreto y solo;
        que tú sola no has de ser
        tan soberbia, que tu rostro
        huyas al señor que tienes,
        teniéndome a mí en tan poco.
        ¿No se rindió Sebastiana,
        mujer de Pedro Redondo,
        con ser casadas entrambas,
        y la de Martín del Pozo,
        habiendo apenas pasado
        dos días del desposorio?

Laurencia   Ésas, señor, ya tenían
        de haber andado con otros
        el camino de agradaros;
        porque también muchos mozos
        merecieron sus favores.
        Id con Dios, tras vueso corzo;
        que a no veros con la cruz,
        os tuviera por demonio,
        pues tanto me perseguís.

Comendador   ¡Qué estilo tan enfadoso!
        Pongo la ballesta en tierra
        [puesto que aquí estamos solos],

y a la práctica de manos
reduzco melindres.

Laurencia   ¿Cómo?
¿Eso hacéis? ¿Estáis en vos?

(Sale Frondoso y toma la ballesta.)

Comendador   No te defiendas.

Frondoso   Si tomo
la ballesta ¡vive el cielo
que no la ponga en el hombro!

Comendador   Acaba, ríndete.

Laurencia   ¡Cielos,
ayúdame agora!

Comendador   Solos
estamos; no tengas miedo.

Frondoso   Comendador generoso,
dejad la moza, o creed
que de mi agravio y enojo
será blanco vuestro pecho,
aunque la cruz me da asombro.

Comendador   ¡Perro, villano!...

Frondoso   No hay perro.
Huye, Laurencia.

Laurencia   Frondoso,

mira lo que haces.

Frondoso   Vete.

(Vase Laurencia.)

Comendador   ¡Oh, mal haya el hombre loco,
                    que se desciñe la espada!
                    Que, de no espantar medroso
                    la caza, me la quité.

Frondoso   Pues, pardiez, señor, si toco
                    la nuez, que os he de apiolar.

Comendador   Ya es ida. Infame, alevoso,
                    suelta la ballesta luego.
                    Suéltala, villano.

Frondoso   ¿Cómo?
                    Que me quitaréis la vida.
                    Y advertid que Amor es sordo,
                    y que no escucha palabras
                    el día que está en su trono.

Comendador   Pues, ¿la espalda ha de volver
                    un hombre tan valeroso
                    a un villano? Tira, infame,
                    tira, y guárdate; que rompo
                    las leyes de caballero.

Frondoso   Eso, no. Yo me conformo
                    con mi estado, y, pues me es
                    guardar la vida forzoso,
                    con la ballesta me voy.

Comendador   ¡Peligro extraño y notorio!
               Mas yo tomaré venganza
               del agravio y del estorbo.
               ¡Que no cerrara con él!
               ¡Vive el cielo, que me corro!

               Fin de la primera jornada

Jornada segunda

(Salen Esteban y otro regidor.)

Esteban
        Así tenga salud, como parece,
que no se saque más agora el pósito.
El año apunta mal, y el tiempo crece,
y es mejor que el sustento esté en depósito,
aunque lo contradicen más de trece.

Regidor
Yo siempre he sido, al fin, de este propósito,
en gobernar en paz esta república.

Esteban
Hagamos de ello a Fernán Gómez súplica.
   No se puede sufrir que estos astrólogos,
en las cosas futuras ignorantes,
nos quieran persuadir con largos prólogos
los secretos a Dios solo importantes.
¡Bueno es que, presumiendo de teólogos,
hagan un tiempo en el que después y ante!
Y pidiendo el presente lo importante,
   al más sabio veréis más ignorante.
¿Tienen ellos las nubes en su casa
y el proceder de las celestes lumbres?
¿Por dónde ven los que en el cielo pasa,
para darnos con ella pesadumbres?
Ellos en el sembrar nos ponen tasa:
dacá el trigo, cebada y las legumbres,
calabazas, pepinos y mostazas...
Ellos son, a la fe, las calabazas.
   Luego cuentan que muere una cabeza,
y después viene a ser en Transilvania;
que el vino será poco, y la cerveza
sobrará por las partes de Alemania;

que se helará en Gascuña la cereza,
y que habrá muchos tigres en Hircania.
        Y al cabo, que se siembre o no se siembre,
el año se remata por diciembre.

(Salen el licenciado Leonelo y Barrildo.)

Leonelo
A fe que no ganéis la palmatoria,
porque ya está ocupado el mentidero.

Barrildo
¿Cómo os fue en Salamanca?

Leonelo
    Es larga historia.

Barrildo
Un Bártulo seréis.

Leonelo
            Ni aun un barbero.
Es, como digo, cosa muy notoria
en esta facultad lo que os refiero.

Barrildo
Sin duda que venís buen estudiante.

Leonelo
Saber he procurado lo importante.

Barrildo
Después que vemos tanto libro impreso,
no hay nadie que de sabio no presuma.

Leonelo
Antes que ignoran más siento por eso,
por no se reducir a breve suma;
porque la confusión, con el exceso,
los intentos resuelve en vana espuma;
y aquel que de leer tiene más uso,
de ver letreros solo está confuso.
        No niego yo que de imprimir el arte

mil ingenios sacó de entre la jerga,
    y que parece que en sagrada parte
sus obras guarda y contra el tiempo alberga;
éste las distribuye y las reparte.
Débese esta invención a Gutemberga,
un famoso tudesco de Maguncia,
en quien la fama su valor renuncia.
    Mas muchos que opinión tuvieron grave
por imprimir sus obras la perdieron;
tras esto, con el nombre del que sabe
muchos sus ignorancias imprimieron.
Otros, en quien la baja envidia cabe,
sus locos desatinos escribieron,
y con nombre de aquél que aborrecían
impresos por el mundo los envían.

Barrildo   No soy de esa opinión.

Leonelo   El ignorante
                  es justo que se vengue del letrado.

Barrildo   Leonelo, la impresión es importante.

Leonelo   Sin ella muchos siglos se han pasado,
                  y no vemos que en éste se levante
                  [...]
                  un Jerónimo santo, un Agustino.

Barrildo   Dejadlo y asentaos, que estáis mohino.

(Salen Juan Rojo y otro labrador.)

Juan Rojo   No hay en cuatro haciendas para un dote,
                  si es que las vistas han de ser al uso;

que el hombre que es curioso es bien que note
que en esto el barrio y vulgo anda confuso.

Labrador   ¿Qué hay del comendador? No os alborote.

Juan Rojo   ¡Cuál a Laurencia en ese campo puso!

Labrador   ¿Quién fue cual él tan bárbaro y lascivo?
Colgado le vea yo de aquel olivo.

(Salen el comendador, Ortuño y Flores.)

Comendador   Dios guarde la buena gente.

Regidor   ¡Oh, señor!

Comendador   Por vida mía,
que se estén.

Esteban   Vuseñoría
adonde suele se siente,
que en pie estaremos muy bien.

Comendador   Digo que se han de sentar.

Esteban   De los buenos es honrar,
que no es posible que den
honra los que no la tienen.

Comendador   Siéntense; hablaremos algo.

Esteban   ¿Vio vuseñoría el galgo?

Comendador   Alcalde, espantados vienen

esos criados de ver
tan notable ligereza.

Esteban

Es una extremada pieza.
Pardiez, que puede correr
   al lado de un delincuente
o de un cobarde en qüistión.

Comendador

Quisiera en esta ocasión
que le hiciérades pariente
   a una liebre que por pies
por momentos se me va.

Esteban

Sí haré, par Dios. ¿Dónde está?

Comendador

Allá vuestra hija es.

Esteban

   ¡Mi hija!

Comendador

   Sí.

Esteban

      Pues, ¿es buena
para alcanzada de vos?

Comendador

Reñidla, alcalde, por Dios.

Esteban

¿Cómo?

Comendador

      Ha dado en darme pena.
mujer hay, y principal,
de alguno que está en la plaza,
que dio, a la primera traza,
traza de verme.

Esteban   Hizo mal;
                y vos, señor, no andáis bien
                en hablar tan libremente.

Comendador   ¡Oh, qué villano elocuente!
                ¡Ah, Flores!, haz que le den
                  la Política, en que lea
                de Aristóteles.

Esteban   Señor,
                debajo de vuestro honor
                vivir el pueblo desea.
                  Mirad que en Fuenteovejuna
                hay gente muy principal.

Leonelo   ¿Vióse desvergüenza igual?

Comendador   Pues, ¿he dicho cosa alguna
                  de que os pese, regidor?

Regidor   Lo que decís es injusto;
                no lo digáis, que no es justo
                que nos quitéis el honor.

Comendador   ¿Vosotros honor tenéis?
                ¡Qué freiles de Calatrava!

Regidor   Alguno acaso se alaba
                de la cruz que le ponéis,
                  que no es de sangre tan limpia.

Comendador   Y, ¿ensúciola yo juntando
                la mía a la vuestra?

Regidor   Cuando
que el mal más tiñe que alimpia.

Comendador   De cualquier suerte que sea,
vuestras mujeres se honran.

Esteban   Esas palabras deshonran;
las obras no hay quien las crea.

Comendador   ¡Qué cansado villanaje!
¡Ah! Bien hayan las ciudades,
que a hombres de calidades
no hay quien sus gustos ataje;
   allá se precian casados
que visiten sus mujeres.

Esteban   No harán; que con esto quieres
que vivamos descuidados.
   En las ciudades hay Dios
y más presto quien castiga.

Comendador   Levantaos de aquí.

Esteban   ¿Qué diga
lo que escucháis por los dos?

Comendador   Salid de la plaza luego;
no quede ninguno aquí.

Esteban   Ya nos vamos.

Comendador   Pues no así.

Flores   Que te reportes te ruego.

Comendador   Querrían hacer corrillo
                  los villanos en mi ausencia.

Ortuño   Ten un poco de paciencia.

Comendador   De tanta me maravillo.
                    Cada uno de por sí
                  se vayan hasta sus casas.

Leonelo   ¡Cielo! ¿Qué por esto pasas?

Esteban   Ya yo me voy por aquí.

(Vanse los labradores.)

Comendador   ¿Qué os parece de esta gente?

Ortuño   No sabes disimular,
                  que no quieres escuchar
                  el disgusto que se siente.

Comendador   Éstos ¿se igualan conmigo?

Flores   Que no es aqueso igualarse.

Comendador   Y el villano, ¿ha de quedarse
                  con ballesta y sin castigo?

Flores   Anoche pensé que estaba
                  a la puerta de Laurencia,
                  y a otro, que su presencia
                  y su capilla imitaba,
                    de oreja a oreja le di

un beneficio famoso.

Comendador   ¿Dónde estará aquel Frondoso?

Flores   Dicen que anda por ahí.

Comendador   ¡Por ahí se atreve a andar
                hombre que matarme quiso!

Flores   Como el ave sin aviso,
                o como el pez, viene a dar
                  al reclamo o al anzuelo.

Comendador   ¡Que a un capitán cuya espada
                tiemblan Córdoba y Granada,
                un labrador, un mozuelo
                  ponga una ballesta al pecho!
                El mundo se acaba, Flores.

Flores   Como eso pueden amores.

Ortuño   Y pues que vive, sospecho
                  que grande amistad le debes.

Comendador   Yo he disimulado, Ortuño;
                que si no, de punta a puño,
                antes de dos horas breves,
                  pasara todo el lugar;
                que hasta que llegue ocasión
                al freno de la razón
                hago la venganza estar.
                  ¿Qué hay de Pascuala?

Flores   Responde

que anda agora por casarse.

Comendador   ¿Hasta allí quiere fiarse?

Flores   En fin, te remite donde
             te pagarán de contado.

Comendador   ¿Qué hay de Olalla?

Ortuño   Una graciosa
           respuesta.

Comendador   Es moza briosa.
           ¿Cómo?

Ortuño   Que su desposado
             anda tras ella estos días
           celoso de mis recados
           y de que con tus criados
           a visitarla venías;
             pero que si se descuida
           entrarás como primero.

Comendador   ¡Bueno, a fe de caballero!
           Pero el villanejo cuida...

Ortuño   Cuida, y anda por los aires.

Comendador   ¿Qué hay de Inés?

Flores   ¿Cuál?

Comendador   La de Antón.

Flores

Para cualquier ocasión
ya ha ofrecido sus donaires.
    Habléla por el corral,
por donde has de entrar si quieres

Comendador

A las fáciles mujeres
quiero bien y pago mal.
    Si éstas supiesen, ioh, Flores!,
estimarse en lo que valen...

Flores

No hay disgustos que se igualen
a contrastar sus favores.
    Rendirse presto desdice
de la esperanza del bien;
mas hay mujeres también,
porque el filósofo dice,
    que apetecen a los hombres
como la forma desea
la materia; y que esto sea
así, no hay de qué te asombres.

Comendador

    Un hombre de amores loco
huélgase que a su accidente
se le rindan fácilmente,
mas después las tiene en poco,
    y el camino de olvidar,
al hombre más obligado
es haber poco costado
lo que pudo desear.

(Sale Cimbranos, soldado.)

Cimbranos

¿Está aquí el comendador?

Ortuño   ¿No le ves en tu presencia?

Cimbranos   ¡Oh, gallardo Fernán Gómez!
                  Trueca la verde montera
                  en el blanco morrión
                  y el gabán en armas nuevas;
                  que el maestre de Santiago
                  y el conde de Cabra cercan
                  a don Rodrigo Girón,
                  por la castellana reina,
                  en Ciudad Real; de suerte
                  que no es mucho que se pierda
                  lo que en Calatrava sabes
                  que tanta sangre le cuesta.
                  Ya divisan con las luces,
                  desde las altas almenas
                  los castillo y leones
                  y barras aragonesas.
                  Y aunque el rey de Portugal
                  honrar a Girón quisiera,
                  no hará poco en que el maestre
                  a Almagro con vida vuelva.
                  Ponte a caballo, señor;
                  que solo con que te vean
                  se volverán a Castilla.

Comendador   No prosigas; tente, espera.
                  Haz, Ortuño, que en la plaza
                  toquen luego una trompeta.
                  ¿Qué soldados tengo aquí?

Ortuño   Pienso que tienes cincuenta.

Comendador   Pónganse a caballo todos.

Cimbranos   Si no caminas apriesa,
                 Ciudad Real es del rey.

Comendador   No hayas miedo que lo sea.

(Vanse todos. Salen Mengo, Laurencia y Pascuala, huyendo.)

Pascuala   No te apartes de nosotras.

Mengo   Pues, ¿a qué tenéis temor?

Laurencia   Mengo, a la villa es mejor
                 que vamos unas con otras,
                    pues que no hay hombre ninguno,
                 porque no demos con él.

Mengo   ¡Que este demonio cruel
                 nos sea tan importuno!

Laurencia   No nos deja a Sol ni a sombra.

Mengo   ¡Oh! Rayo del cielo baje
                 que sus locuras ataje.

Laurencia   Sangrienta fiera le nombra;
                    arsénico y pestilencia
                 del lugar.

Mengo   Hanme contado
                 que Frondoso, aquí en el prado,
                 para librarte, Laurencia,
                    le puso al pecho una jara.

Laurencia   Los hombres aborrecía,
                 Mengo; mas desde aquel día
                 los miro con otra cara.
                    ¡Gran valor tuvo Frondoso!
                 Pienso que le ha de costar
                 la vida.

Mengo   Que del lugar
                 se vaya, será forzoso.

Laurencia   Aunque ya le quiero bien,
                 eso mismo le aconsejo;
                 mas recibe mi consejo
                 con ira, rabia y desdén;
                    y jura el comendador
                 que le ha de colgar de un pie.

Pascuala   ¡Mal garrotillo le dé!

Mengo   Mala pedrada es mejor!
                    ¡Voto al Sol, si le tirara
                 con la que llevo al apero,
                 que al sonar el crujidero
                 al casco se la encajara!
                    No fue Sábalo, el romano,
                 tan vicioso por jamás.

Laurencia   Heliogábalo dirás,
                 más que una fiera inhumano.

Mengo   Pero Galván, o quien fue,
                 que yo no entiendo de historia;
                 mas su cativa memoria
                 vencida de éste se ve.

¿Hay hombre en naturaleza
como Fernán Gómez?

Pascuala   No;
que parece que le dio
de una tigre la aspereza.

(Sale Jacinto.)

Jacinta   Dadme socorro, por Dios,
si la amistad os obliga.

Laurencia   ¿Qué es esto, Jacinta amiga?

Pascuala   Tuyas lo somos las dos.

Jacinta   Del comendador criados,
que van a Ciudad Real,
más de infamia natural
que de noble acero armados,
me quieren llevar a él.

Laurencia   Pues, Jacinta, Dios te libre;
que cuando contigo es libre,
conmigo será cruel.

(Vase Laurencia.)

Pascuala   Jacinta, yo no soy hombre
que te pueda defender.

(Vase Pascuala.)

Mengo   Yo sí lo tengo de ser,

porque tengo el ser y el nombre.
Llégate, Jacinta, a mí.

Jacinta   ¿Tienes armas?

Mengo   Las primeras
del mundo.

Jacinta   ¡Oh, si las tuvieras!

Mengo   Piedras hay, Jacinta, aquí.

(Salen Flores y Ortuño.)

Flores   ¿Por los pies pensabas irte?

Jacinta   ¡Mengo, muerta soy!

Mengo   Señores...
¿A estos pobres labradores?...

Ortuño   Pues, ¿tú quieres persuadirte
a defender la mujer?

Mengo   Con los ruegos la defiendo;
que soy su deudo y pretendo
guardarla, si puede ser.

Flores   Quitadle luego la vida.

Mengo   ¡Voto al Sol, si me emberrincho,
y el cáñamo me descincho,
que la llevéis bien vendida!

(Salen el comendador y Cimbranos.)

Comendador   ¿Qué es eso? ¿A cosas tan viles
                    me habéis de hacer apear?

Flores   Gente de este vil lugar,
                    que ya es razón que aniquiles,
                      pues en nada te da gusto,
                    a nuestras armas se atreve.

Mengo   Señor, si piedad os mueve
                    de suceso tan injusto,
                      castigad estos soldados,
                    que con vuestro nombre agora
                    roban una labradora
                    a esposo y padres honrados;
                      y dadme licencia a mí
                    que se la pueda llevar.

Comendador   Licencia les quiero dar...
                    para vengarse de ti.
                      Suelta la honda.

Mengo   Señor!

Comendador   Flores, Ortuño, Cimbranos,
                    con ella le atad las manos.

Mengo   ¿Así volvéis por su honor?

Comendador   ¿Qué piensan Fuenteovejuna
                    y sus villanos de mí?

Mengo   Señor, ¿en qué os ofendí,

ni el pueblo en cosa ninguna?

Flores   ¿Ha de morir?

Comendador   No ensuciéis
las armas, que habéis de honrar
en otro mejor lugar.

Ortuño   ¿Qué mandas?

Comendador   Que lo azotéis.
   Llevadle, y en ese roble
le atad y le desnudad,
y con las riendas...

Mengo   ¡Piedad!
¡Piedad, pues sois hombre noble!

Comendador   Azotadle hasta que salten
los hierros de las correas.

Mengo   ¡Cielos! ¿A hazañas tan feas
queréis que castigos falten?

(Vanse Mengo, Flores y Ortuño.)

Comendador   Tú, villana, ¿por qué huyes?
¿Es mejor un labrador
que un hombre de mi valor?

Jacinta   ¡Harto bien me restituyes
   el honor que me han quitado
en llevarme para ti!

Comendador   ¿En quererte llevar?

Jacinta   Sí;
               porque tengo un padre honrado,
                 que si en alto nacimiento
               no te iguala, en las costumbres
               te vence.

Comendador   Las pesadumbres
               y el villano atrevimiento
                 no tiemplan bien un airado.
               Tira por ahí.

Jacinta   ¿Con quién?

Comendador   Conmigo.

Jacinta   Míralo bien.

Comendador   Para tu mal lo he mirado.
                 Ya no mía, del bagaje
               del ejército has de ser.

Jacinta   No tiene el mundo poder
               para hacerme, viva, ultraje.

Comendador   ¡Ea, villana, camina!

Jacinta   ¡Piedad, señor!

Comendador   No hay piedad.

Jacinta   Apelo de tu crueldad
               a la justicia divina.

(Llévanla y vanse. Salen Laurencia y Frondoso.)

Laurencia   ¿Cómo así a venir te atreves,
                   sin temer tu daño.

Frondoso   Ha sido
                   dar testimonio cumplido
                   de la afición que me debes.
                     Desde aquel recuesto vi
                   salir al comendador,
                   y fiado en tu valor
                   todo mi temor perdí.
                     Vaya donde no le vean
                   volver.

Laurencia   Tente en maldecir,
                   porque suele más vivir
                   al que la muerte desean.

Frondoso   Si es eso, viva mil años,
                   y así se hará todo bien
                   pues deseándole bien,
                   estarán ciertos sus daños.
                     Laurencia, deseo saber
                   si vive en ti mi cuidado,
                   y si mi lealtad ha hallado
                   el puerto de merecer.
                     Mira que toda la villa
                   ya para en uno nos tiene;
                   y de cómo a ser no viene
                   la villa se maravilla.
                     Los desdeñosos extremos
                   deja, y responde «no» o «sí».

Laurencia   Pues a la villa y a ti
                   respondo que lo seremos.

Frondoso   Deja que tus plantas bese
                   Por la merced recibida,
                   pues el cobrar nueva vida
                   por ella es bien que confiese.

Laurencia   De cumplimientos acorta;
                   y para que mejor cuadre,
                   habla, Frondoso, a mi padre,
                   pues es lo que más importa,
                      que allí viene con mi tío;
                   y fía que ha de tener
                   ser, Frondoso, tu mujer
                   buen suceso.

Frondoso   En Dios confío.

(Escóndese Laurencia. Salen Esteban, alcalde, y el regidor.)

Esteban   Fue su término de modo,
                   que la plaza alborotó.
                   En efecto, procedió
                   muy descomedido en todo.
                      No hay a quien admiración
                   sus demasías no den;
                   la pobre Jacinta es quien
                   pierde por su sinrazón.

Regidor   Ya a los católicos reyes,
                   que este nombre les dan ya,
                   presto España les dará

la obediencia de sus leyes.
   Ya sobre Ciudad Real,
contra el Girón que la tiene,
Santiago a caballo viene
por capitán general.
   Pésame; que era Jacinta
doncella de buena pro.

Esteban   Luego a Mengo le azotó.

Regidor   No hay negra bayeta o tinta
                 como sus carnes están.

Esteban   Callad; que me siento arder
                 viendo su mal proceder
                 y el mal nombre que le dan.
                    Yo, ¿para qué traigo aquí
                 este palo sin provecho?

Regidor   Si sus criados lo han hecho
                 ¿de qué os afligís así?

Esteban   ¿Queréis más? Que me contaron
                 que a la de Pedro Redondo
                 un día, que en lo más hondo
                 de este valle la encontraron,
                    después de sus insolencias,
                 a sus criados la dio.

Regidor   Aquí hay gente. ¿Quién es?

Frondoso   Yo,
                 que espero vuestras licencias.

Esteban   Para mi casa, Frondoso,
             licencia no es menester;
             debes a tu padre el ser
             y a mí otro ser amoroso.
                Hete criado, y te quiero
             como a hijo.

Frondoso   Pues señor,
             fiado en aquese amor,
             de ti una merced espero.
                Ya sabes de quién soy hijo.

Esteban   ¿Hate agraviado ese loco
             de Fernán Gómez?

Frondoso   No poco.

Esteban   El corazón me lo dijo.

Frondoso   Pues señor, con el seguro
             del amor que habéis mostrado,
             de Laurencia enamorado,
             el ser su esposo procuro.
                Perdona si en el pedir
             mi lengua se ha adelantado;
             que he sido en decirlo osado,
             como otro lo ha de decir.

Esteban   Vienes, Frondoso, a ocasión
             que me alargarás la vida,
             por la cosa más temida
             que siente mi corazón.
                Agradezco, hijo, al cielo
             que así vuelvas por mi honor

y agradézcole a tu amor
la limpieza de tu celo.
    Mas como es justo, es razón
dar cuenta a tu padre de esto,
solo digo que estoy presto,
en sabiendo su intención;
    que yo dichoso me hallo
en que aqueso llegue a ser.

Regidor   De la moza el parecer
                 tomad antes de acetallo.

Esteban   No tengáis de eso cuidado,
                 que ya el caso está dispuesto.
                 Antes de venir a esto,
                 entre ellos se ha concertado.
                    En el dote, si advertís,
                 se puede agora tratar;
                 que por bien os pienso dar
                 algunos maravedís.

Frondoso   Yo dote no he menester;
                 de eso no hay que entristeceros.

Regidor   Pues que no la pide en cueros
                 lo podéis agradecer.

Esteban   Tomaré el parecer de ella;
                 si os parece, será bien.

Frondoso   Justo es; que no hace bien
                 quien los gustos atropella.

Esteban   ¡Hija! ¡Laurencia!...

Laurencia   ¿Señor?

Esteban   Mirad si digo bien yo.
              ¡Ved qué presto respondió!
              Hija Laurencia, mi amor
                a preguntarte ha venido
              —apártate aquí— si es bien
              que a Gila, tu amiga, den
              a Frondoso por marido,
                que es un honrado zagal,
              si le hay en Fuenteovejuna...

Laurencia   ¿Gila se casa?

Esteban   Y si alguna
              le merece y es su igual...

Laurencia   Yo digo, señor, que sí.

Esteban   Sí; mas yo digo que es fea
              y que harto mejor se emplea
              Frondoso, Laurencia en ti.

Laurencia   ¿Aún no se te han olvidado
              los donaires con la edad?

Esteban   ¿Quiéresle tú?

Laurencia   Voluntad
              le he tenido y le he cobrado;
                pero por lo que tú sabes...

Esteban   ¿Quieres tú que diga sí?

Laurencia   Dilo tú, señor, por mí.

Esteban   ¿Yo? Pues tengo yo las llaves.
                          Hecho está. Ven, buscaremos
                     a mi compadre en la plaza.

Regidor   Vamos.

Esteban   Hijo, y en la traza
                     del dote, ¿qué le diremos?
                         Que yo bien te puedo dar
                     cuatro mil maravedís.

Frondoso   Señor, ¿eso me decís?
                     Mi honor queréis agraviar.

Esteban   Anda, hijo; que eso es
                     cosa que pasa en un día;
                     que si no hay dote, a fe mía,
                     que se echa menos después.

(Vanse, y quedan Frondoso y Laurencia.)

Laurencia   Di, Frondoso. ¿Estás contento?

Frondoso   ¡Cómo si lo estoy! ¡Es poco,
                     pues que no me vuelvo loco
                     de gozo, del bien que siento!
                         Risa vierte el corazón
                     por los ojos de alegría
                     viéndote, Laurencia mía,
                     en tan dulce posesión.

(Vanse. Salen el maestre, el comendador, Flores y Ortuño.)

Comendador   Huye, señor, que no hay otro remedio.

Maestre   La flaqueza del muro lo ha causado,
                  y el poderoso ejército enemigo.

Comendador   Sangre les cuesta e infinitas vidas.

Maestre   Y no se alabarán que en sus despojos
                  pondrán nuestro pendón de Calatrava,
                  que a honrar su empresa y los demás bastaba.

Comendador   Tus designios, Girón, quedan perdidos.

Maestre   ¿Qué puedo hacer, si la fortuna ciega
                  a quien hoy levantó, mañana humilla?

(Dentro.)

Voces   ¡Victoria por los reyes de Castilla!

Maestre   Ya coronan de luces las almenas,
                  y las ventanas de las torres altas
                  entoldan con pendones victoriosos.

Comendador   Bien pudieran, de sangre que les cuesta.
                  A fe que es más tragedia que no fiesta.

Maestre   Yo vuelvo a Calatrava, Fernán Gómez.

Comendador   Y yo a Fuenteovejuna, mientras tratas
                  o seguir esta parte de tus deudos,
                  o reducir la tuya al rey católico.

Maestre   Yo te diré por cartas lo que intento.

Comendador   El tiempo ha de enseñarte.

Maestre   Ah, pocos años,
                 sujetos al rigor de sus engaños!

(Vanse. Sale la boda, músicos, Mengo, Frondoso, Laurencia, Pascuala, Barrildo, Esteban y alcalde Juan Rojo. Cantan.)

Músicos   «¡Vivan muchos años
                 los desposados!
                 ¡Vivan muchos años!»

Mengo   A fe que no os ha costado
                 mucho trabajo el cantar.

Barrildo   Supiéraslo tú trovar
                 mejor que él está trovado.

Frondoso   Mejor entiende de azotes
                 Mengo que de versos ya.

Mengo   Alguno en el valle está,
                 para que no te alborotes,
                   a quien el Comendador...

Barrildo   No lo digas, por tu vida;
                 que este bárbaro homicida
                 a todos quita el honor.

Mengo   Que me azotasen a mí
                 cien soldados aquel día...

sola una honda tenía
[y así una copla escribí;]
   pero que le hayan echado
una melecina a un hombre,
que aunque no diré su nombre
todos saben que es honrado,
   llena de tinta y de chinas
¿cómo se puede sufrir?

Barrildo   Haríalo por reír.

Mengo   No hay risa con melecinas;
                 que aunque es cosa saludable...
              yo me quiero morir luego.

Frondoso   Vaya la copla, te ruego,
              si es la copla razonable.

Mengo   «Vivan muchos años juntos
              los novios, ruego a los cielos,
              y por envidia ni celos
              ni riñan ni anden en puntos.
              Llevan a entrambos difuntos,
              de puro vivir cansados.
              ¡Vivan muchos años!»

Frondoso   ¡Maldiga el cielo el poeta,
              que tal coplón arrojó!

Barrildo   Fue muy presto.

Mengo   Pienso yo
              una cosa de esta seta.
                 ¿No habéis visto un buñolero

en el aceite abrasando
pedazos de masa echando
hasta llenarse el caldero?
    ¿Que unos le salen hinchados,
otros tuertos y mal hechos,
ya zurdos y ya derechos,
ya fritos y ya quemados?
    Pues así imagino yo
un poeta componiendo,
la materia previniendo,
que es quien la masa le dio.
    Va arrojando verso aprisa
al caldero del papel,
confiado en que la miel
cubrirá la burla y risa.
    Mas poniéndolo en el pecho,
apenas hay quien los tome;
tanto que solo los come
el mismo que los ha hecho.

Barrildo	Déjate ya de locuras; deja los novios hablar.
Laurencia	Las manos nos da a besar.
Juan Rojo	Hija, ¿mi mano procuras? Pídela a tu padre luego para ti y para Frondoso.
Esteban	Rojo, a ella y a su esposo que se la dé el cielo ruego, con su larga bendición.
Frondoso	Los dos a los dos la echad.

Juan Rojo   Ea, tañed y cantad,
                   pues que para en uno son.

(Cantan.)

Músicos   «Al val de Fuenteovejuna
                   la niña en cabellos baja;
                   el caballero la sigue
                   de la cruz de Calatrava.
                   Entre las ramas se esconde,
                   de vergonzosa y turbada;
                   fingiendo que no le ha visto,
                   pone delante las ramas.
                   —¿Para qué te escondes,
                   niña gallarda?
                   Que mis linces deseos
                   paredes pasan—.
                   Acercóse el caballero,
                   y ella, confusa y turbada,
                   hacer quiso celosías
                   de las intricadas ramas;
                   mas como quien tiene amor
                   los mares y las montañas
                   atraviesa fácilmente,
                   la dice tales palabras:
                   —¿Para qué te escondes,
                   niña gallarda?
                   Que mis linces deseos
                   paredes pasan.»

(Sale el comendador, Flores, Ortuño y Cimbranos.)

Comendador   Estése la boda queda

y no se alborote nadie.

Juan Rojo   No es juego aqueste, señor,
                 y basta que tú lo mandes.
                 ¿Quieres lugar? ¿Cómo vienes
                 con tu belicoso alarde?
                 ¿Venciste? Mas, ¿qué pregunto?

Frondoso   ¡Muerto soy! ¡Cielos, libradme!

Laurencia   Huye por aquí, Frondoso.

Comendador   Eso no; prendedle, atadle.

Juan Rojo   Date, muchacho, a prisión.

Frondoso   Pues ¿quieres tú que me maten?

Juan Rojo   ¿Por qué?

Comendador   No soy hombre yo
                 que mato sin culpa a nadie;
                 que si lo fuera, le hubieran
                 pasado de parte a parte
                 esos soldados que traigo.
                 Llevarlo mando a la cárcel,
                 donde la culpa que tiene
                 sentencie su mismo padre.

Pascuala   Señor, mirad que se casa.

Comendador   ¿Qué me obliga que se case?
                 ¿No hay otra gente en el pueblo?

Pascuala   Si os ofendió, perdonadle,
                        por ser vos quien sois.

Comendador   No es cosa,
                        Pascuala, en que yo soy parte.
                        Es esto contra el maestre
                        Téllez Girón, que Dios guarde;
                        es contra toda su orden,
                        es su honor, y es importante
                        para el ejemplo, el castigo;
                        que habrá otro día quien trate
                        de alzar pendón contra él,
                        pues ya sabéis que una tarde
                        al comendador mayor,
                        —¡qué vasallos tan leales!—
                        puso una ballesta al pecho.

Esteban   Supuesto que el disculparle
                        ya puede tocar a un suegro,
                        no es mucho que en causas tales
                        se descomponga con vos
                        un hombre, en efecto, amante;
                        porque si vos pretendéis
                        su propia mujer quitarle,
                        ¿qué mucho que la defienda?

Comendador   Majadero sois, alcalde.

Esteban   Por vuestra virtud, señor...

Comendador   Nunca yo quise quitarle
                        su mujer, pues no lo era.

Esteban   Sí quisistes... Y esto baste;

que reyes hay en Castilla,
que nuevas órdenes hacen,
con que desórdenes quitan.
Y harán mal, cuando descansen
de las guerras, en sufrir
en sus villas y lugares
a hombres tan poderosos
por traer cruces tan grandes;
póngasela el rey al pecho,
que para pechos reales
es esa insignia y no más.

Comendador   ¡Hola!, la vara quitadle.

Esteban   Tomad, señor, norabuena.

Comendador   Pues con ella quiero darle
                  como a caballo brioso.

Esteban   Por señor os sufro. Dadme.

Pascuala   ¿A un viejo de palos das?

Laurencia   Si le das porque es mi padre,
                  ¿qué vengas en él de mí?

Comendador   Llevadla, y haced que guarden
                  su persona diez soldados.

(Vase el comendador y los suyos.)

Esteban   Justicia del cielo baje.

(Vase.)

| Pascuala | Volvióse en luto la boda. |

(Vase.)

| Barrildo | ¿No hay aquí un hombre que hable? |

| Mengo | Yo tengo ya mis azotes,
que aún se ven los cardenales
sin que un hombre vaya a Roma.
Prueben otros a enojarle. |

| Juan Rojo | hablemos todos. |

| Mengo | Señores,
aquí todo el mundo calle.
Como ruedas de salmón
me puso los atabales. |

Fin de la segunda jornada

Jornada tercera

(Salen Esteban, Alonso y Barrildo.)

Esteban   ¿No han venido a la junta?

Barrildo   No han venido.

Esteban   Pues más a priesa nuestro daño corre.

Barrildo   Ya está lo más del pueblo prevenido.

Esteban   Frondoso con prisiones en la torre,
y mi hija Laurencia en tanto aprieto,
si la piedad de Dios no los socorre...

(Salen Juan Rojo y el regidor.)

Juan Rojo   ¿De qué dais voces, cuando importa tanto
a nuestro bien, Esteban, el secreto?

Esteban   Que doy tan pocas es mayor espanto.

(Sale Mengo.)

Mengo   También vengo yo a hallarme en esta junta.

Esteban   Un hombre cuyas canas baña el llanto,
labradores honrados, os pregunta,
¿qué obsequias debe hacer toda esa gente
a su patria sin honra, ya perdida?
Y si se llaman honras justamente,
¿cómo se harán, si no hay entre nosotros
hombre a quien este bárbaro no afrente?

Respondedme: ¿Hay alguno de vosotros
   que no esté lastimado en honra y vida?
¿No os lamentáis los unos de los otros?
Pues si ya la tenéis todos perdida,
   ¿a qué aguardáis? ¿Qué desventura es ésta?

Juan Rojo La mayor que en el mundo fue sufrida.
Mas pues ya se publica y manifiesta
   que en paz tienen los reyes a Castilla
y su venida a Córdoba se apresta,
vayan dos regidores a la villa
   y echándose a sus pies pidan remedio.

Barrildo En tanto que Fernando, aquél que humilla
a tantos enemigos, otro medio
   será mejor, pues no podrá, ocupado
hacernos bien, con tanta guerra en medio.

Regidor Si mi voto de vos fuera escuchado,
   desamparar la villa doy por voto.

Juan Rojo ¿Cómo es posible en tiempo limitado?

Mengo A la fe, que si entiende el alboroto,
   que ha de costar la junta alguna vida.

Regidor Ya, todo el árbol de paciencia roto,
corre la nave de temor perdida.
   La hija quitan con tan gran fiereza
a un hombre honrado, de quien es regida
la patria en que vivís, y en la cabeza
   la vara quiebran tan injustamente.
¿Qué esclavo se trató con más bajeza?

Juan Rojo   ¿Qué es lo que quieres tú que el pueblo intente?

Regidor   Morir, o dar la muerte a los tiranos,
                     pues somos muchos, y ellos poca gente.

Barrildo   ¡Contra el señor las armas en las manos!

Esteban   El rey solo es señor después del cielo,
                     y no bárbaros hombres inhumanos.
                     Si Dios ayuda nuestro justo celo,
                         ¿qué nos ha de costar?

Mengo   Mirad, señores,
                     que vais en estas cosas con recelo.
                     Puesto que por los simples labradores
                         estoy aquí que más injurias pasan,
                     más cuerdo represento sus temores.

Juan Rojo   Si nuestras desventuras se compasan,
                         para perder las vidas, ¿qué aguardamos?
                     Las casas y las viñas nos abrasan,
                     ¡tiranos son! ¡A la venganza vamos!

(Sale Laurencia, desmelenada.)

Laurencia   Dejadme entrar, que bien puedo,
                     en consejo de los hombres;
                     que bien puede una mujer,
                     si no a dar voto, a dar voces.
                     ¿Conocéisme?

Esteban   ¡Santo cielo!
                     ¿No es mi hija?

Juan Rojo   ¿No conoces
                             a Laurencia?

Laurencia   Vengo tal,
                             que mi diferencia os pone
                             en contingencia quién soy.

Esteban   ¡Hija mía!

Laurencia   No me nombres
                             tu hija.

Esteban   ¿Por qué, mis ojos?
                             ¿Por qué?

Laurencia   Por muchas razones,
                             y sean las principales:
                             porque dejas que me roben
                             tiranos sin que me vengues,
                             traidores sin que me cobres.
                             Aún no era yo de Frondoso,
                             para que digas que tome,
                             como marido, venganza;
                             que aquí por tu cuenta corre;
                             que en tanto que de las bodas
                             no haya llegado la noche,
                             del padre, y no del marido,
                             la obligación presupone;
                             que en tanto que no me entregan
                             una joya, aunque la compren,
                             no ha de correr por mi cuenta
                             las guardas ni los ladrones.
                             Llevóme de vuestros ojos
                             a su casa Fernán Gómez;

la oveja al lobo dejáis
como cobardes pastores.
¿Qué dagas no vi en mi pecho?
¿Qué desatinos enormes,
qué palabras, qué amenazas,
y qué delitos atroces,
por rendir mi castidad
a sus apetitos torpes?
Mis cabellos ¿no lo dicen?
¿No se ven aquí los golpes
de la sangre y las señales?
¿Vosotros sois hombres nobles?
¿Vosotros padres y deudos?
¿Vosotros, que no se os rompen
las entrañas de dolor,
de verme en tantos dolores?
Ovejas sois, bien lo dice
de Fuenteovejuna el hombre.
Dadme unas armas a mí
pues sois piedras, pues sois tigres...
—Tigres no, porque feroces
siguen quien roba sus hijos,
matando los cazadores
antes que entren por el mar
y pos sus ondas se arrojen.
Liebres cobardes nacistes;
bárbaros sois, no españoles.
Gallinas, ¡vuestras mujeres
sufrís que otros hombres gocen!
Poneos ruecas en la cinta.
¿Para qué os ceñís estoques?
¡Vive Dios, que he de trazar
que solas mujeres cobren
la honra de estos tiranos,

la sangre de estos traidores,
y que os han de tirar piedras,
hilanderas, maricones,
amujerados, cobardes,
y que mañana os adornen
nuestras tocas y basquiñas,
solimanes y colores!
A Frondoso quiere ya,
sin sentencia, sin pregones,
colgar el comendador
del almena de una torre;
de todos hará lo mismo;
y yo me huelgo, medio-hombres,
por que quede sin mujeres
esta villa honrada, y torne
aquel siglo de amazonas,
eterno espanto del orbe.

Esteban   Yo, hija, no soy de aquellos
que permiten que los nombres
con esos títulos viles.
Iré solo, si se pone
todo el mundo contra mí.

Juan Rojo   Y yo, por más que me asombre
la grandeza del contrario.

Regidor   ¡Muramos todos!

Barrildo   Descoge
un lienzo al viento en un palo,
y mueran estos enormes.

Juan Rojo   ¿Qué orden pensáis tener?

Mengo	Ir a matarle sin orden.
	Juntad el pueblo a una voz;
	que todos están conformes
	en que los tiranos mueran.

| Esteban | Tomad espadas, lanzones, |
| | ballestas, chuzos y palos. |

| Mengo | ¡Los reyes nuestros señores |
| | vivan! |

| Todos | ¡Vivan muchos años! |

| Mengo | ¡Mueran tiranos traidores! |

| Todos | ¡Tiranos traidores, mueran! |

(Vanse todos.)

Laurencia	Caminad, que el cielo os oye.
	¡Ah, mujeres de la villa!
	¡Acudid, por que se cobre
	vuestro honor, acudid, todas!

(Salen Pascuala, Jacinto y otras mujeres.)

| Pascuala | ¿Qué es esto? ¿De qué das voces? |

Laurencia	¿No veis cómo todos van
	a matar a Fernán Gómez,
	y nombres, mozos y muchachos
	furiosos al hecho corren?
	¿Será bien que solos ellos

de esta hazaña el honor gocen?
Pues no son de las mujeres
sus agravios los menores.

Jacinta   Di, pues, ¿qué es lo que pretendes?

Laurencia   Que puestas todas en orden,
acometamos a un hecho
que dé espanto a todo el orbe.
Jacinta, tu grande agravio,
que sea cabo; responde
de una escuadra de mujeres.

Jacinta   No son los tuyos menores.

Laurencia   Pascuala, alférez serás.

Pascuala   Pues déjame que enarbole
en un asta la bandera.
Verás si merezco el nombre.

Laurencia   No hay espacio para eso,
pues la dicha nos socorre.
Bien nos basta que llevemos
nuestras tocas por pendones.

Pascuala   Nombremos un capitán.

Laurencia   Eso no.

Pascuala   ¿Por qué?

Laurencia   Que adonde
asiste mi gran valor

no hay Cides ni Rodamontes.

(Vanse todas. Sale Frondoso, atadas las manos, Flores, Ortuño, Cimbranos y
el comendador.)

Comendador   De ese cordel que de las manos sobra
                    quiero que le colguéis, por mayor pena.

Frondoso   ¡Qué nombre, gran señor, tu sangre cobra!

Comendador   Colgadle luego en la primera almena.

Frondoso   Nunca fue mi intención poner por obra
                    tu muerte entonces.

Flores   Grande ruido suena.

(Ruido suene dentro.)

Comendador   ¿Ruido?

Flores   Y de manera que interrompen
                    tu justicia, señor.

Ortuño   Las puertas rompen.

(Ruido.)

Comendador   ¡La puerta de mi casa, y siendo casa
                    de la encomienda!

Flores   El pueblo junto viene.

(Dentro.)

Juan Rojo   ¡Rompe, derriba, hunde, quema, abrasa!

Ortuño   Un popular motín mal se detiene.

Comendador   ¿El pueblo contra mí?

Flores   La furia: pasa
tan adelante, que las puertas tiene
echadas por la tierra.

Comendador   Desatalde.
Templa, Frondoso, ese villano alcalde.

Frondoso   Yo voy, señor; que amor les ha movido.

(Vase Frondoso. Dentro.)

Mengo   ¡Vivan Fernando e Isabel, y mueran
los traidores!

Flores   Señor, por Dios te pido
que no te hallen aquí.

Comendador   Se perseveran,
este aposento es fuerte y defendido.
Ellos se volverán.

Flores   Cuando se alteran
los pueblos agraviados, y resuelven,
nunca sin sangre o sin venganza vuelven.

Comendador   En esta puerta, así como rastrillo
su furor con las armas defendamos.

(Dentro.)

Frondoso   ¡Viva Fuenteovejuna!

Comendador   ¡Qué caudillo!
                  Estoy por que a su furia acometamos.

Flores   De la tuya, señor, me maravillo.

Esteban   Ya el tirano y los cómplices miramos.
                  ¡Fuenteovejuna, y los tiranos mueran!

(Salen todos.)

Comendador   Pueblo, esperad.

Todos   Agravios nunca esperan.

Comendador   Decídmelos a mí, que iré pagando
                  a fe de caballero esos errores.

Todos   ¡Fuenteovejuna! ¡Viva el rey Fernando!
                  ¡Mueran malos cristianos y traidores!

Comendador   ¿No me queréis oír? Yo estoy hablando,
                  yo soy vuestro señor.

Todos   Nuestros señores
                  son los reyes católicos.

Comendador   Espera.

Todos   ¡Fuenteovejuna, y Fernán Gómez muera!

(Vanse y salen las mujeres armadas.)

Laurencia   Parad en este puesto de esperanzas,
                 soldados atrevidos, no mujeres.

Pascuala   ¿Los que mujeres son en las venganzas,
                 en él beban su sangre, es bien que esperes?

Jacinta   Su cuerpo recojamos en las lanzas.

Pascuala   Todas son de esos mismos pareceres.

(Dentro.)

Esteban   ¡Muere, traidor comendador!

(Dentro.)

Comendador   Ya muero.
                 ¡Piedad, Señor, que en tu clemencia espero!

(Dentro.)

Barrildo   Aquí está Flores.

(Dentro.)

Mengo   Dale a ese bellaco;
                 que ése fue el que me dio dos mil azotes.

(Dentro.)

Frondoso   No me vengo si el alma no le saco.

Laurencia   No excusamos entrar.

Pascuala   No te alborotes.
Bien es guardar la puerta.

(Dentro.)

Barrildo   No me aplaco.
¿Con lágrimas agora, marquesotes?

Laurencia   Pascuala, yo entro dentro; que la espada
no ha de estar tan sujeta ni envainada.

(Vase Laurencia. Dentro.)

Barrildo   Aquí está Ortuño.

(Dentro.)

Frondoso   Córtale la cara.

(Sale Flores huyendo, y Mengo tras él.)

Flores   ¡Mengo, piedad, que no soy yo el culpado!

Mengo   Cuando ser alcahuete no bastara,
bastaba haberme el pícaro azotado.

Pascuala   Dánoslo a las mujeres, Mengo, para...
Acaba, por tu vida.

Mengo   Ya está dado;
que no le quiero yo mayor castigo.

Pascuala   Vengaré tus azotes.

Mengo   Eso digo.

Jacinta   ¡Ea, muera el traidor!

Flores   ¿Entre mujeres?

Jacinta   ¿No le viene muy ancho?

Pascuala   ¿Aqueso lloras?

Jacinta   Muere, concertador de sus placeres.

Laurencia   ¡Ea, muera el traidor!

Flores   ¡Piedad, señoras!

(Sale Ortuño huyendo de Laurencia.)

Ortuño   Mira que no soy yo...

Laurencia   Ya sé quién eres.
                   Entrad, teñid las armas vencedoras
                   en estos viles.

Pascuala   Moriré matando.

Todas   ¡Fuenteovejuna, y viva el rey Fernando!

(Vanse. Salen el rey don Fernando y la reina Isabel, y don Manrique, maestre.)

Manrique   De modo la prevención

fue, que el efeto esperado
llegamos a ver logrado
con poca contradicción.
    Hubo poca resistencia;
y supuesto que la hubiera
sin duda ninguna fuera
de poca o ninguna esencia.
    Queda el de Cabra ocupado
en conservación del puesto,
por si volviere dispuesto
a él el contrario osado.

Rey   Discreto el acuerdo fue,
y que asista en conveniente,
y reformando la gente,
el paso tomado esté.
    Que con eso se asegura
no poder hacernos mal
Alfonso, que en Portugal
tomar la fuerza procura.
    Y si de Cabra es bien que esté
en ese sitio asistente,
y como tan diligente
muestras de su valor dé;
    porque con esto asegura
el daño que nos recela,
y como fiel centinela
el bien del reino procura.

(Sale Flores, herido.)

Flores   Católico rey Fernando,
a quien el cielo concede
la corona de Castilla,

como a varón excelente:
oye la mayor crueldad
que se ha visto entre las gentes
desde donde nace el Sol
hasta donde se oscurece.

Rey   Repórtate.

Flores   Rey supremo,
mis heridas no consienten
dilatar el triste caso,
por ser mi vida tan breve.
De Fuenteovejuna vengo,
donde, con pecho inclemente,
los vecinos de la villa
a su señor dieron muerte,
Muerto Fernán Gómez queda
por sus súbditos aleves;
que vasallos indignados
con leve cause se atreven.
En título de tirano
le acumula todo el plebe,
y a la fuerza de esta voz
el hecho fiero acometen;
y quebrantando su casa,
no atendiendo a que se ofrece
por la fe de caballero
a que pagará a quien debe,
no solo no le escucharon,
pero con furia impaciente
rompen el cruzado pecho
con mil heridas crueles,
y por las altas ventanas
le hacen que al suelo vuele,

adonde en picas y espadas
le recogen las mujeres.
Llévanle a una casa muerto
y a porfía, quien más puede
mesa su barba u cabello
y apriesa su rostro hieren.
En efecto fue la furia
tan grande que en ellos crece,
que las mayores tajadas
las orejas a ser vienen.
Sus armas borran con picas
y a voces dicen que quieren
tus reales armas fijar,
porque aquéllas le ofenden.
Saqueáronle la casa,
cual si de enemigos fuese,
y gozosos entre todos
han repartido sus bienes.
Lo dicho he visto escondido,
porque mi infelice suerte
en tal trance no permite
que mi vida se perdiese;
y así estuve todo el día
hasta que la noche viene,
y salir pude escondido
para que cuenta te diese.
Haz, señor, pues eres justo
que la justa pena lleven
de tan riguroso caso
los bárbaros delincuentes;
mira que su sangre a voces
pide que tu rigor prueben.

Rey   Estar puedes confiado

que sin castigo no queden.
El triste suceso ha sido
tal, que admirado me tiene,
y que vaya luego un juez
que lo averigüe conviene
y castigue los culpados
para ejemplo de las gentes.
Vaya un capitán con él
por que seguridad lleve;
que tan grande atrevimiento
castigo ejemplar requiere;
y curad a ese soldado
de las heridas que tiene.

(Vanse todos. Salen los labradores y las labradoras con la cabeza de Fernán Gómez en una lanza. Cantan.)

Músicos   «¡Muchos años vivan
                   Isabel y Fernando,
                   y mueran los tiranos!»

Barrildo   Diga su copla Frondoso.

Frondoso   Ya va mi copla, a la fe;
                   si le faltare algún pie,
                   enmiéndelos el más curioso.
                       «¡Vivan la bella Isabel,
                          y Fernando de Aragón,
                   pues que para en uno son,
                   él con ella, ella con él!
                   A los cielos San Miguel
                   lleve a los dos de las manos.
                   ¡Vivan muchos años,
                   y mueran los tiranos!»

Laurencia	Diga Barrildo.

Barrildo	Ya va;
	que a fe que la he pensado.

Pascuala	Si la dices con cuidado,
	buena y rebuena será.

Barrildo	«¡Vivan los reyes famosos
	muchos años, pues que tienen
	la victoria, y a ser vienen
	nuestros dueños venturosos!
	Salgan siempre victoriosos
	de gigantes y de enanos
	y ¡mueran los tiranos!»

(Cantan.)

Músicos	«¡Muchos años vivan
	Isabel y Fernando,
	y mueran los tiranos!»

Laurencia	Diga Mengo.

Frondoso	Mengo diga.

Mengo	Yo soy poeta donado.

Pascuala	Mejor dirás lastimado
	el envés de la barriga.

Mengo	«Una mañana en domingo
	me mandó azotar aquél,

de manera que el rabel
daba espantoso respingo;
pero agora que los pringo
ivivan los reyes cristiánigos,
y mueran los tiránigos!»

Músicos   «¡Vivan muchos años
Isabel y Fernando,
y mueran los tiranos!»

Esteban   Quita la cabeza allá.

Mengo   Cara tiene de ahorcado.

(Saca un escudo Juan Rojo con las armas reales.)

Regidor   Ya las armas han llegado

Esteban   Mostrad las armas acá.

Juan Rojo   ¿Adónde se han de poner?

Regidor   Aquí, en el ayuntamiento.

Esteban   ¡Bravo escudo!

Barrildo   ¡Qué contento!

Frondoso   Ya comienza a amanecer,
con este Sol, nuestro día.

Esteban   ¡Vivan Castilla y León,
y las barras de Aragón,
y muera la tiranía!

Advertid, Fuenteovejuna,
a las palabras de un viejo;
que el admitir su consejo
no ha dañado vez ninguna.
    Los reyes han de querer
averiguar este caso,
y más tan cerca del paso
y jornada que han de hacer.
    Concertaos todos a una
en lo que habéis de decir.

Frondoso   ¿Qué es tu consejo?

Esteban   Morir
diciendo «Fuenteovejuna»,
    y a nadie saquen de aquí.

Frondoso   Es el camino derecho.
Fuenteovejuna lo ha hecho.

Esteban   ¿Queréis responder así?

Todos   Sí.

Esteban   Agora pues, yo quiero ser
agora el pesquisidor,
para ensayarnos mejor
en lo que habemos de hacer.
    Sea Mengo el que esté puesto
en el tormento.

Mengo   ¿No hallaste
otro más flaco?

Esteban   ¿Pensaste
que era de veras?

Mengo   Di presto.

Esteban   ¿Quién mató al comendador?

Mengo   Fuenteovejuna lo hizo.

Esteban   Perro, ¿si te martirizo?

Mengo   Aunque me matéis, señor.

Esteban   Confiesa, ladrón.

Mengo   Confieso.

Esteban   Pues, ¿quién fue?

Mengo   Fuenteovejuna.

Esteban   Dadle otra vuelta.

Mengo   ¡Es ninguna!

Esteban   ¡Cagajón para el proceso!

(Sale el regidor.)

Regidor   ¿Qué hacéis de esta suerte aquí?

Frondoso   ¿Qué ha sucedido, Cuadrado?

Regidor   Pesquisidor ha llegado.

Esteban	Echad todos por ahí.

Regidor	Con él viene un capitán.

Esteban	¡Venga el diablo! Ya sabéis lo que responder tenéis.

Regidor	El pueblo prendiendo van, sin dejar alma ninguna.

Esteban	Que no hay que tener temor. ¿Quién mató al comendador, Mengo?

Mengo	¿Quién? Fuenteovejuna.

(Vanse. Salen el maestre y un soldado.)

Maestre	¡Que tal caso ha sucedido! Infelice fue su suerte. Estoy por darte la muerte por la nueva que has traído.

Soldado	Yo, señor, soy mensajero, y enojarte no es mi intento.

Maestre	¡Que a tal tuvo atrevimiento un pueblo enojado y fiero! Iré con quinientos hombres y la villa he de asolar; en ella no ha de quedar ni aun memoria de los nombres.

Soldado   Señor, tu enojo reporta;
                   porque ellos al rey se han dado,
                   y no tener enojado
                   al rey es lo que te importa.

Maestre   ¿Cómo al rey se pueden dar,
                   si de la encomienda son?

Soldado   Con él, sobre esa razón,
                   podrás luego pleitear.

Maestre   Por pleito, ¿cuándo salió
                   lo que él le entregó en sus manos?
                   Son señores soberanos,
                   y tal reconozco yo.
                      Por saber que al rey se han dado
                   se reportará mi enojo,
                   y ver su presencia escojo
                   por lo más bien acertado;
                      que puesto que tenga culpa
                   en casos de gravedad,
                   en todo mi poca edad
                   viene a ser quien me disculpa.
                      Con vergüenza voy; mas es
                   honor quien puede obligarme,
                   e importa no descuidarme
                   en tan honrado interés.

(Vanse. Sale Laurencia sola.)

Laurencia   Amando, recelar daño en lo amado
                   nueva pena de amor se considera;
                   que quien en lo que ama daño espera
                   aumenta en el temor nuevo cuidado.

El firme pensamiento desvelado,
si le aflige el temor, fácil se altera;
que no es a firme fe pena ligera
ver llevar el temor el bien robado.
      Mi esposo adoro; la ocasión que veo
al temor de su daño me condena,
si no le ayuda la felice suerte.
      Al bien suyo se inclina mi deseo:
si está presenta, está cierta mi pena;
si está en ausencia, está cierta mi muerte.

(Sale Frondoso.)

Frondoso   ¡Mi Laurencia!

Laurencia   ¡Esposo amado!
               ¿Cómo a estar aquí te atreves?

Frondoso   Esas resistencias debes
               a mi amoroso cuidado.

Laurencia   Mi bien, procura guardarte,
               porque tu daño recelo.

Frondoso   No quiera, Laurencia, el cielo
               que tal llegue a disgustarte.

Laurencia   ¿No temes ver el rigor
               que por los demás sucede,
               y el furor con que procede
               aqueste pesquisidor?
                  Procura guardar la vida.
               Huye, tu daño no esperes.

Frondoso   ¿Cómo que procure quieres
                  cosa tan mal recibida?
                      ¿Es bien que los demás deje
                  en el peligro presente
                  y de tu vista me ausente?
                  No me mandes que me aleje;
                      porque no es puesto en razón
                  que por evitar mi daño
                  sea con mi sangre extraño
                  en tan terrible ocasión.
(Voces dentro.)   Voces parece que he oído,
                  y son, si yo mal no siento,
                  de alguno que dan tormento.
                  Oye con atento oído.

(Dice dentro el juez y responden.)

Juez   Decid la verdad, buen viejo.

Frondoso   Un viejo, Laurencia mía,
                  atormentan.

Laurencia   ¡Qué porfía!

Esteban   Déjenme un poco.

Juez   Ya os dejo.
                      Decid: ¿quién mató a Fernando?

Esteban   Fuenteovejuna lo hizo.

Laurencia   Tu nombre, padre, eternizo;
                  [a todos vas animando].

Frondoso	¡Bravo caso!

Juez	Ese muchacho aprieta. Perro, yo sé que lo sabes. Di quién fue. ¿Callas? Aprieta, borracho.

Niño	Fuenteovejuna, señor.

Juez	¡Por vida del rey, villanos, que os ahorque con mis manos! ¿Quién mató al comendador?

Frondoso	¡Que a un niño le den tormento y niegue de aquesta suerte!

Laurencia	¡Bravo pueblo!

Frondoso	Bravo y fuerte.

Juez	Esa mujer al momento en ese potro tened. Dale esa mancuerda luego.

Laurencia	Ya está de cólera ciego.

Juez	Que os he de matar, creed, en este potro, villanos. ¿Quién mató al comendador?

Pascuala	Fuenteovejuna, señor.

Juez	¡Dale!

Frondoso   Pensamientos vanos.

Laurencia   Pascuala niega, Frondoso.

Frondoso   Niegan niños. ¿Qué te espanta?

Juez   Parece que los encantas.
                ¡Aprieta!

Pascuala   ¡Ay, cielo piadoso!

Juez   ¡Aprieta, infame! ¿Estás sordo?

Pascuala   Fuenteovejuna lo hizo.

Juez   Traedme aquel más rollizo,
                ese desnudo, ese gordo.

Laurencia   ¡Pobre Mengo! Él es, sin duda.

Frondoso   Temo que ha de confesar.

Mengo   ¡Ay, ay!

Juez   Comenza a apretar.

Mengo   ¡Ay!

Juez   ¿Es menester ayuda?

Mengo   ¡Ay, ay!

Juez   ¿Quién mató, villano,
                al señor comendador?

Mengo   ¡Ay, yo lo diré, señor!

Juez   Afloja un poco la mano.

Frondoso   Él confiesa.

Juez   Al palo aplica
la espalda.

Mengo   Quedo; que yo
lo diré.

Juez   ¿Quién lo mató?

Mengo   Señor, ¡Fuenteovejunica!

Juez   ¿Hay tan gran bellaquería?
Del dolor se están burlando.
En quien estaba esperando,
niego con mayor porfía.
      Dejadlos; que estoy cansado.

Frondoso   ¡Oh, Mengo, bien te haga Dios!
Temor que tuve de dos,
el tuyo me le ha quitado.

(Salen con Mengo, Barrildo y el regidor.)

Barrildo   ¡Víctor, Mengo!

Regidor   ¡Y con razón!

Barrildo   ¡Mengo, víctor!

Frondoso   Eso digo.

Mengo   ¡Ay, ay!

Barrildo   Toma, bebe, amigo.
Come.

Mengo   ¡Ay, ay! ¿Qué es?

Barrildo   Diacitrón.

Mengo   ¡Ay, ay!

Frondoso   Echa de beber.

Barrildo   [Es lo mejor que hay]. ¡Ya va!

Frondoso   Bien lo cuelo. Bueno está.

Laurencia   Dale otra vez de comer.

Mengo   ¡Ay, ay!

Barrildo   Ésta va por mí.

Laurencia   Solemnemente lo embebe.

Frondoso   El que bien niega, bien bebe.

Regidor   ¿Quieres otra?

Mengo   ¡Ay, ay!! ¡Sí, sí!

Frondoso   Bebe; que bien lo mereces.

Laurencia   ¡A vez por vuelta las cuela!

Frondoso   Arrópale, que se hiela.

Barrildo   ¿Quieres más?

Mengo   Sí, otras tres veces.
                   ¡Ay, ay!

Frondoso   Si hay vino pregunta.

Barrildo   Sí, hay. Bebe a tu placer;
                   que quien niega ha de beber.
                   ¿Qué tiene?

Mengo   Una cierta punta.
                   Vamos; que me arromadizo.

Frondoso   Que beba, que éste es mejor.
                   ¿Quién mató al comendador?

Mengo   Fuenteovejuna lo hizo.

(Vanse Mengo, Barrildo, y el regidor.)

Frondoso   Justo es que honores le den.
                   Pero decidme, mi amor,
                   ¿quién mató al comendador?

Laurencia   Fuenteovejunica, mi bien.

Frondoso   ¿Quién le mató?

Laurencia   Dasme espanto.
                  Pues, Fuenteovejuna fue.

Frondoso   Y yo, ¿con qué te maté?

Laurencia   ¿Con qué? Con quererte tanto.

(Vanse. Salen el rey y la reina Isabel y luego Manrique.)

Isabel   No entendí, señor, hallaros
                  aquí, y es buena mi suerte.

Rey   En nueva gloria convierte
                  mi vista el bien de miraros.
                   Iba a Portugal de paso
                  y llegar aquí fue fuerza.

Isabel   Vuestra majestad le tuerza,
                  siendo conveniente el caso.

Rey   ¿Cómo dejáis a Castilla?

Isabel   En paz queda, quieta y llana.

Rey   Siendo vos la que la allana,
                  no lo tengo a maravilla.

(Sale don Manrique.)

Manrique   Para ver vuestra presencia
                  el maestre de Calatrava,
                  que aquí de llegar acaba,
                  pide que le deis licencia.

Isabel   Verle tenía deseado.

Manrique   Mi fe, señora, os empeño,
                 que aunque es en edad pequeño,
                 es valeroso soldado.

(Vase, y sale el maestre.)

Maestre   Rodrigo Téllez Girón,
                 que de loaros no acaba,
                 maestre de Calatrava,
                 os pide humilde perdón.
                    Confieso que fui engañado,
                 y que excedí de lo justo
                 en cosas de vuestro gusto,
                 como mal aconsejado.
                    El consejo de Fernando
                 y el interés me engañó,
                 injusto fiel; y así, yo
                 perdón humilde os demando.
                    Y si recibir merezco
                 esta merced que suplico
                 desde aquí me certifico
                 en que a serviros me ofrezco,
                    y que en aquesta jornada
                 de Granada, adonde vais,
                 os prometo que veáis
                 el valor que hay en mi espada;
                    donde sacándola apenas,
                 dándoles fieras congojas,
                 plantaré mis cruces rojas
                 sobre sus altas almenas;
                    Y más, quinientos soldados

en serviros emplearé,
junto con la firme y fe
de en mi vida disgustaros.

Rey   Alzad, maestre, del suelo;
que siempre que hayáis venido,
seréis muy bien recibido.

Maestre   Sois de afligidos consuelo.

Isabel   Vos con valor peregrino
sabéis bien decir y hacer.

Maestre   Vos sois una bella Ester
y vos un Xerxes divino.

(Sale Manrique.)

Manrique Señor, el pesquisidor
que a Fuenteovejuna ha ido
con el despacho ha venido
a verse ante tu valor.

Rey   Sed juez de estos agresores.

Maestre   Si a vos, señor, no mirara,
sin duda les enseñara
a matar comendadores.

Rey   Eso ya no os toca a vos.

Isabel   Yo confieso que he de ver
el cargo en vuestro poder,
si me lo concede Dios.

(Sale el juez.)

Juez   A Fuenteovejuna fui
de la suerte que has mandado
y con especial cuidado
y diligencia asistí.
   Haciendo averiguación
del cometido delito,
una hoja no se ha escrito
que sea en comprobación;
   porque conformes a una,
con un valeroso pecho,
en pidiendo quién lo ha hecho,
responden: «Fuenteovejuna».
   Trescientos he atormentado
con no pequeño rigor,
y te prometo, señor,
que más que esto no he sacado.
   Hasta niños de diez años
al potro arrimé, y no ha sido
posible haberlo inquirido
ni por halagos ni engaños.
   Y pues tan mal se acomoda
el poderlo averiguar,
o los has de perdonar,
o matar la villa toda.
   Todos vienen ante ti
para más certificarte;
de ellos podrás informate.

Rey   Que entren pues viene, les di.

(Salen los dos alcaldes, Frondoso, las mujeres y los villanos que quisieren.)

| Laurencia | ¿Aquestos los reyes son? |

| Frondoso | Y en Castilla poderosos. |

| Laurencia | Por mi fe, que son hermosos;
ibendígalos San Antón! |

| Isabel | ¿Los agresores son éstos? |

| Esteban | Fuenteovejuna, señora,
que humildes llegan agora
para serviros dispuestos.
   La sobrada tiranía
y el insufrible rigor
del muerto comendador,
que mil insultos hacía
   fue el autor de tanto daño.
Las haciendas nos robaba
y las doncellas forzaba,
siendo de piedad extraño. |

| Frondoso | Tanto, que aquesta Zagala,
que el cielo me ha concedido,
en que tan dichoso he sido
que nadie en dicha me iguala,
   cuando conmigo casó,
aquella noche primera,
mejor que si suya fuera,
a su casa la llevó;
   y a no saberse guardar
ella, que en virtud florece,
ya manifiesto parece
lo que pudiera pasar. |

Mengo

    ¿No es ya tiempo que hable yo?
Si me dais licencia, entiendo
que os admiraréis, sabiendo
del modo que me trató.
    Porque quise defender
una moza de su gente,
que con término insolente
fuerza la querían hacer,
    aquel perverso Nerón
de manera me ha tratado
que el reverso me ha dejado
como rueda de salmón.
    Tocaron mis atabales
tres hombres con tan porfía,
que aun pienso que todavía
me duran los cardenales.
    Gasté en este mal prolijo,
por que el cuero se me curta,
polvos de arrayán y murta
más que vale mi cortijo.

Esteban

    Señor, tuyos ser queremos.
Rey nuestro eres natural,
y con título de tal
ya tus armas puesto habemos.
    Esperamos tu clemencia
y que veas esperamos
que en este caso te damos
por abono la inocencia.

Rey

    Pues no puede averiguarse
el suceso por escrito,
aunque fue grave el delito,

por fuerza ha de perdonarse.
   Y la villa es bien se quede
en mí, pues de mí se vale,
hasta ver si acaso sale
comendador que la herede.

Frondoso   Su majestad habla, en fin,
como quien tanto ha acertado.
Y aquí, discreto senado,
Fuenteovejuna da fin.

Fin de la comedia

Libros a la carta

A la carta es un servicio especializado para
empresas,
librerías,
bibliotecas,
editoriales
y centros de enseñanza;
y permite confeccionar libros que, por su formato y concepción, sirven a los propósitos más específicos de estas instituciones.

Las empresas nos encargan ediciones personalizadas para marketing editorial o para regalos institucionales. Y los interesados solicitan, a título personal, ediciones antiguas, o no disponibles en el mercado; y las acompañan con notas y comentarios críticos.

Las ediciones tienen como apoyo un libro de estilo con todo tipo de referencias sobre los criterios de tratamiento tipográfico aplicados a nuestros libros que puede ser consultado en Linkgua-ediciones.com.

Linkgua edita por encargo diferentes versiones de una misma obra con distintos tratamientos ortotipográficos (actualizaciones de carácter divulgativo de un clásico, o versiones estrictamente fieles a la edición original de referencia). Este servicio de ediciones a la carta le permitirá, si usted se dedica a la enseñanza, tener una forma de hacer pública su interpretación de un texto y, sobre una versión digitalizada «base», usted podrá introducir interpretaciones del texto fuente. Es un tópico que los profesores denuncien en clase los desmanes de una edición, o vayan comentando errores de interpretación de un texto y esta es una solución útil a esa necesidad del mundo académico.

Asimismo publicamos de manera sistemática, en un mismo catálogo, tesis doctorales y actas de congresos académicos, que son distribuidas a través de nuestra Web.

El servicio de «libros a la carta» funciona de dos formas.

1. Tenemos un fondo de libros digitalizados que usted puede personalizar en tiradas de al menos cinco ejemplares. Estas personalizaciones pueden ser de todo tipo: añadir notas de clase para uso de un grupo de estudiantes, introducir logos corporativos para uso con fines de marketing empresarial, etc. etc.

2. Buscamos libros descatalogados de otras editoriales y los reeditamos en tiradas cortas a petición de un cliente.

www.ingramcontent.com/pod-product-compliance
Lightning Source LLC
Chambersburg PA
CBHW020843150726
48196CB00002B/201